순공 시간을 늘리는
24시간 공부법

순공 시간을 늘리는 24시간 공부법

이인철 지음

이인철 변호사의
**하루를 다시 쓰는
진짜 공부법**

page2

이인철 변호사의 탁월함은 분명 그의 공부로부터 나옵니다. 결국 성취해 내고야 마는 그는 법정 변론처럼 공부도 전략적으로 접근해 이를 끝내 정복하지요. 이제 그의 삶과 기술이 녹아 순금의 공부법 책으로 나왔습니다. 이인철 변호사의 똑똑한 공부 기술이 '공부 진검'이 되어 여러분의 학습 세계에 새 장을 열어 줄 것입니다.

⋯▸ **이호선 교수** (상담 전문가)

공부법이 범람하는 시대지만, 결과로 검증되고 누구나 따라 할 수 있는 안정적인 공부법은 찾기 힘들다. 이 책은 대한민국 역사상 가장 어려운 시험이었던 한국 사법시험의 합격자 이인철이 50대의 나이에 악명 높은 미국 캘리포니아주 변호사 시험까지 합격한 후 공부법을 정리한 것이다. 공부는 재능의 영역으로 치부되는 경향이 있지만 이 책을 읽고 나면 왜 효율적이고 안정적인 공부법이 중요한지 체감하게 되리라 생각한다.

⋯▸ **이윤규 변호사** (공부법학회 회장, 43만 구독자 유튜브 「DreamSchool」 운영자)

이 책에서 제시하고 있는 학습법은 창의성과 체계성을 겸비하여, 법학적 사고력과 문제 해결 능력을 동시에 함양할 수 있는 매우 모범적인 모델이라 판단된다. 이 책은 이변호사가 다년간의 연구와 실무 경험을 통해 검증한 학습법을 집대성한 결과물이다. 학문적 깊이와 실질적 성과를 동시에 추구하는 모든 독자 여러분께 이 책을 권한다.

⋯→ **신영호 교수** (고려대학교 법학전문대학원 명예교수)

미국 로스쿨과 변호사 시험을 오랫동안 지도해 온 미국법 교수로서, 다양한 학습법과 교재를 검토하며 수많은 수험생을 가르쳐 왔습니다. 그 경험에 비추어 자신 있게 말씀드립니다. 이인철 변호사의 공부법은 단순한 이론적 제안이 아니라 실제 시험 현장에서 성과로 입증된 전략이며, 이 책은 오랜 탐구 끝에 정립한 공부법의 결정체입니다.

⋯→ **김영민 교수** (한림국제대학원 미국법 교수, 네이버 '미국변호사되기' 카페 운영자)

이인철 변호사의 이 책을 미리 접하고 크게 감탄했다. 공부의 본질은 '효과적으로 하는 것'이라는 사실을 정확히 보여준다. 학습에서 확실한 성과를 원하는 분께 이 책을 자신 있게 권한다.

⋯→ **이찬희 변호사** (제50대 대한변호사협회장, 한국스카우트연맹 총재)

이인철 변호사님이 주도하셨던 스터디에 참여하여 제가 직접 경험한 독창적인 학습 방식은, 법률 이론을 자연스럽게 암기하고 문제 해결 능력을 키우는 데 큰 도움이 되었습니다. 그동안의 노하우와 실전 경험이 집약된 이 책은 모든 시험의 수험생에게 필요합니다.

⋯▸ **백민주 변호사** (미국 캘리포니아 변호사 시험 합격)

이인철 변호사님을 한 번이라도 만나본 사람이라면 '하루는 24시간이다'라는 명제가 틀렸음을 알게 된다. 남들은 하나도 버거운 일을 다섯 개, 열 개씩 해낸다. 변호사의 직역에 머무르지 않고, 방송, 강의, 집필까지 쉼 없이 외연을 확장하고 있으며, 그 모든 과정 속에 언제나 '공부'가 녹아 있다. 2002년 한국 사법시험을 준비하던 시절부터 최근 미국 변호사 시험에 이르기까지 피땀과 눈물로 완성한 공부법을 정직하게 풀어낸 이 책을 읽으면, 그의 성취를 '타고난 머리'로만 설명할 수 없음을 알게 될 것이다.

⋯▸ **정규연 외국변호사** (미국 캘리포니아)

이 책은 바쁜 일상 속에서 공부에 몰두할 수 있는 여러 방법을 소개해서 개인에게 맞는 방법을 찾아가는 시간을 단축해 줍니다. 바쁜 와중에 1분 1초를 쪼개어 공부를 하면서도 그 과정 자체를 즐기며 목표를 이루는 이인철 변호사님을 직접 지켜본 스터디 멤버 중 한 사람으로서, 많은 분들이 이 책을 읽고 목표하는 바를 이루었으면 좋겠습니다.

··→ 황윤정 외국변호사 (미국 워싱턴 D.C.)

이인철 변호사님의 공부법은 단순 암기를 넘어, 스스로 개념을 설명하고 정리하는 과정에서 약점을 드러내고 보완하도록 설계되어 있습니다. 학습 효율을 극대화하고 싶은 수험생이라면 이 책에 담긴 공부법이 분명 실질적인 도움을 줄 것이라 확신합니다.

··→ 송다은 외국변호사 (미국 워싱턴 D.C.)

이 책은 오랜 세월 꾸준함과 진심으로 쌓아 올린 한 사람의 성장 기록이자 도전의 증거입니다. 그의 진심과 열정이 이 책을 통해 더 많은 독자들에게 전달되어, 각자의 길에서 다시 일어설 용기와 나아갈 방향을 찾게 되기를 바랍니다.

··→ 손혜윤 변호사 (미국 워싱턴 D.C. 변호사 시험 합격)

미국변호사 시험을 함께 준비하며, 이인철 변호사님의 공부 방식이 단순한 노력보다 '전략'에 가까움을 확인했습니다. 이 책은 한국 사법시험과 미국변호사 시험을 모두 통과한 경험을 토대로 효율적인 학습 전략을 명확하게 제시합니다. 방대한 학습량 속에서 시행착오를 줄이고 목표에 집중하고자 하는 분들께 확실한 길잡이가 될 것입니다.

··→ 송재용 외국변호사 (미국 워싱턴 D.C.)

오랫동안 알고 지낸 이변호사는 항상 현실에 안주하지 않고 자신의 이상을 향해 끊임없이 노력하는 열정적인 사람이다. 특히 그의 공부에 대한 엄청난 열정과 독창적인 전략은 누구나 배우면 좋다. 교육 전문가의 관점에서 이 책을 적극 추천한다.

··→ 구근회 오름교육연구소 소장

공부에 왕도가 없다더니, 바쁜 일정을 쪼개어 미국변호사 시험에 합격한 이인철 변호사님을 곁에서 지켜보며 공부의 왕도가 바로 여기 있구나 생각했습니다. 치열함이 녹아 있는 이 책은 시행착오를 줄여주고 성장하는 힘을 줍니다. 책을 읽는 순간, 성취에 다가가는 가장 빠른 왕도가 열릴 것입니다.

··→ 허주연 변호사

목차

1단계 지식이 스며드는 뇌를 만드는 마인드 컨트롤

2단계 순공 시간을 늘리는 24시간 공부법

4단계 공부를 끝까지 지속하게 만드는 '버티는 힘'

5단계 시험장에서 통하는 합격 노하우

왜 어떤 사람은 합격하고, 어떤 사람은 불합격하는가?

★ **늦은 나이에 다시 도전한
미국변호사 시험에서 얻은 깨달음**

요즘은 유튜브나 언론에서 공부와 합격을 너무 쉽게 말합니다. '요령만 알면 된다', '누구나 3개월이면 합격한다'는 식의 자극적인 문구들이 넘쳐나죠. 물론 그런 메시지를 통해서도 배울 점은 있을 것입니다. 그러나 정말로 그 말이 사실이라면, 모두가 어려운 시험에 쉽게 합격해야 하는데 왜 여전히 수많은 사람들이 좌절하고 포기하는 것일까요?

⋯⋅ 미국변호사 시험 합격 당시의 모습을 담은 유튜브 썸네일

저는 평범한 사람입니다. 한국 사법시험을 3년간 준비한 끝에 합격할 수 있었고, 40대에 도전해서 50대에 합격한 미국변호사 시험도 2년간 준비해 합격했습니다. 하지만 돌이켜보면 그 모든 실패와 좌절의 시간이 저를 단단하게 만들었고, 더 나은 공부법을 개발하는 원동력이 되었습니다. 시중에는 이미 수많은 공부법 책들이 있지만 이 책은 다릅니다.

첫째, 이 책에 담은 내용은 제가 직접 경험하고 실천하여 그 효과를 검증한 것들입니다. 책상에서 나온 이론이 아니라, 수만 시간 동안 피와 땀으로 만들어낸 실전 전략입니다.

둘째, 이 책은 한 가지 방법만을 고집하지 않습니다. 사람마다 성향이 다르고, 상황이 다르며, 목표가 다릅니다. 그래서 이 책은 제가 시도해 본 여러 노하우를 담아 독자가 자기 스타일에 맞게 골라 쓸 수 있도록 집필했습니다.

셋째, 이 책은 공부 기술뿐 아니라 마음가짐, 동기부여, 인간관계, 시간 관리, 건강 관리까지 모든 측면을 다룹니다. 왜냐하면 합격은 단순히 공부만 잘한다고 되는 것이 아니기 때문입니다.

★ 평범한 사람의 가장 현실적인 성공 전략

요즘 많은 청년들이 유튜버, 인플루언서, 연예인, 건물주를 꿈꿉니다. 화려해 보이고 쉬워 보이니까요. 하지만 현실은 어떨까요? 성공 확률은 아마 1%도 되지 않을 것입니다. 반면 공부는 어떨까요? 정직하게 노력한 만큼 결과가 나옵니다. 한 번 실패해도 다시 도전할 수 있고, 나이가 들어도 계속할 수 있으며, 한 번 얻은 지식과 자격은 여러분의 평생 자산이 됩니다.

저는 천재도 아니고 특별히 내세울 만한 재능을 타고난 사람도 아닙니다. 다만 평범한 사람으로서 공부를 포기하지 않고 했을 뿐입니다. 그 과정에서 한국에서 가장 어렵다고 평가받는 사법시험에 합격했고, 이후에는 늦은 나이에 다시 도전해 미국변호사 시험 중에서도 합격하기 어렵다고 하는 미국 캘리포니아 변호사 시험(California Bar Examination)에도 합격할 수 있었습니다. 저는 공부를 통해 꿈을 이뤘고 지금은 방송과 강의, 집필 등 다양한 활동을 하며 그 경험을 나누고 있습니다. 그리고 이제는 여러분께 실제로 도움이 될 수 있는 공부법 책의 저자가 되었습니다. 이것이 바로 공부의 힘입니다. 공부는 일부 특별한 사람만을 위한 것이 아니라, 평범한 사람이 자신의 한계를 넘어설 수 있게 해주는 가장 확실하고 현실적인 방법입니다.

이 책을 통해 여러분은 제가 개발하고 실제로 사용해 온 수많은 학습법을 만나게 될 것입니다. 감각적 학습법, 이미지 학습법, 서브노트와 단권화, 마이크로 러닝, 24시간 공부법 등 모두 제가 직접 경험하고 그 효과를 검증한 방법들입니다.

아울러 시대의 흐름에 맞추어 AI와 디지털 도구를 학습에 활용하는 새로운 방식도 함께 담았습니다. 이제 공부는 더 이상 혼자만의 싸움이 아닙니다. 이 책은 AI와의 대화를 통해 제 생각을 정리하고 논리를 점검해 온 과정의 결과물이기도 합니다. 앞으로 공부의 패러다임은 '혼자서만 하는 공부'에서 벗어나, 'AI와 협력하며 사고의 깊이를 넓혀 가는 공부'로 변화해 갈 것입니다.

★ 따듯한 동반자, 든든한 길잡이

이 책은 가볍게 읽히는 책은 아닙니다. 한 페이지 한 페이지가 여러분의 공부 인생을 바꾸는 도구가 되기를 바라며 적었습니다. 처음부터 끝까지 순서대로 읽어도 좋고, 필요한 부분만 찾아서 펼쳐도 좋습니다.

이 책은 직장인이나 성인 수험생만을 위한 책이 아닙니다. 그 안에 담긴 공부의 철학과 원칙은 나이와 시험에 관계없이 통합니다. 공부의 본질은 결국 집중, 반복, 이해, 기억, 실천의 순환이기 때문입니다. 따라서 성인은 물론, 공부의 방향을 잡아가야 할 중고등학생, 대학생에게도 도움이 될 것입니다.

전국 각지에서, 아니 전 세계에서 수많은 도전자들이 자신의 꿈을 향해 한 걸음씩 나아가고 있습니다. 새벽의 고요한 도서관에서, 퇴근 후 피곤한 몸을 이끌고 책상 앞에서, 주말을 반납하고 강의실에서, 그들은 묵묵히 자신의 미래를 만들어가고 있습니다. 이제 당신도 그 대열에 합류할 시간입니다. 이 책을 손에 드는 순간, 당신은 이미 변화의 첫걸음을 내디뎠습니다.

평범한 제가 해냈듯이, 여러분 역시 충분히 해낼 수 있습니다. 막연한 기대가 아닙니다. 올바른 방향과 검증된 방법으로 끝까지 걸어간다면, 누구에게나 현실이 될 수 있는 결과입니다. 이 책이 그 길에서 방향을 확인하고 발걸음을 이어가는 데 기준점이 되기를 바랍니다. 당신의 찬란한 미래를 진심으로 응원하며, 이 책을 바칩니다.

이인철 변호사 드림

지식이 스며드는 뇌를 만드는 마인드 컨트롤

「고딩엄빠」 방송에서 깨달은 공부의 진짜 의미

★ 어느 출연자에게 배운 공부의 의미

제가 전문가 패널로 출연한 인기 방송 MBN 「고딩엄빠」에서 만났던 한 출연자의 사연은 지금도 제 마음에 깊이 남아 있습니다. 그분은 어려운 가정환경 속에서 적지 않은 부담을 짊어진 채 하루하루를 버텨내고 있었습니다. 말로는 다 담아낼 수 없는 깊은 상처와 절망이, 그분의 눈빛에 고스란히 담겨 있었습니다. 그분은 제게 이렇게 말했습니다.

"변호사님, 저는 아무것도 모르는 바보예요. 공부를 해본 적도 없
고, 이제는 너무 늦었어요."

그 순간 제 가슴이 미어졌습니다. 저는 그 출연자에게 이렇게
말했습니다.

"절대 그렇지 않습니다. 당신은 바보가 아니에요. 그리고 절대 늦
지 않았어요. 지금이라도 공부를 시작하세요. 기초부터 다시 배
우세요. 당신에게는 무한한 가능성이 있어요."

그날 저는 그분에게 구체적인 법률 조언을 해주었고 추후 무
료 법률 지원도 약속했습니다. 하지만 그보다 더 중요한 것은 그
분이 혼자가 아니며, 배움에는 절대 늦음이 없으므로 공부를 통
해 인생을 새롭게 시작할 수 있다는 메세지였습니다.

이후 수많은 시청자들이 메시지를 보내왔습니다. "변호사님
덕분에 저도 다시 일어날 용기가 생겼어요", "저도 언젠가 누군
가를 도울 수 있는 사람이 되고 싶어요", "공부의 진정한 의미를
알게 되었습니다", "포기하려던 꿈을 다시 꾸겠습니다" 하는 내
용들이었습니다.

제 경험에 따르면 진정한 공부는 약자를 이해하고 도울 수 있
는 능력을 기르는 것입니다. 교과서의 내용을 달달 외우는 것보

다 그 지식이 누구를 위해 사용되어야 하는지, 어떻게 세상을 더 나은 곳으로 만들 수 있는지 알아야 합니다.

학생들, 수험생들, 그리고 한때 학업을 포기했던 분들에게 간절히 말하고 싶습니다. **여러분이 공부하는 것은 단순한 지식이 아닙니다. 그것은 언젠가 누군가의 눈물을 닦아줄 수 있는 힘이며 절망에 빠진 사람에게 희망을 줄 수 있는 능력입니다.**

★ 나를 위한 공부에서 세상을 위한 공부로

진정한 공부는 자기중심적인 관점에서 벗어나 사회적 관점으로 확장될 때 비로소 완성됩니다. 내가 배운 것으로 어떻게 사회에 기여할 수 있을지, 어떻게 다른 사람들에게 도움이 될 수 있을지 고민하는 것입니다. 「고딩엄빠」 방송에 출연하면서 저의 지식과 경험이 절망에 빠진 청소년을 비롯한 많은 사람들에게 희망을 줄 수 있다는 것을 직접 경험했습니다.

학생들, 수험생들에게 말하고 싶습니다. 여러분의 공부가 개인의 성공에만 머무르지 않기를 바랍니다. 여러분이 배운 것을 통해 누군가를 도울 수 있고, 세상을 더 나은 곳으로 만들 수 있습니다.

합격을 끌어당기는
간절함의 법칙

★ 완벽한 미래를 선명하게 그려라

제 경험상 공부의 시작은 책상 앞에 앉는 것이 아니었습니다. 진정한 공부는 미래의 내 모습을 선명하게 그려보는 것으로부터 시작됩니다.

끌어당김의 법칙을 처음 체험한 것은 대학생 시절 중앙도서관 자료실에서였습니다. 대학 교재와 씨름하던 어느 오후, 문득 이런 생각이 스쳐 지나갔습니다. '만약 내가 정말로 변호사가 된다면 그 순간은 어떤 느낌일까?' 사법시험 합격 발표 날 전화로 이름을 확인한 순간의 전율, 가슴이 터질 것 같은 환희와 함께 뜨거워지는 눈시울, 그리고 그 순간 가장 먼저 떠오르는 부모님의 얼굴, 전화기를 들어 "어머니, 아버지! 저 합격했어요!"라고 외치는 순간의 감격, 전화기 너머로 들려오는 어머니 아버지의 울음소리와 "아들아, 정말 고생 많았구나"라고 말씀하시는 떨리는 목소리까지 모두 영화의 한 장면처럼 생생하게 그려졌습니다. 그리고 그 상상은 현실이 되었습니다.

이런 상상을 처음 해본 그날 밤, 저는 잠을 이룰 수 없었습니다. 가슴이 두근거리고 흥분되어서가 아니라, 그 상상이 현실이 되기를 간절하고 절실하게 바랐기 때문이었습니다. 마치 이미 경험한 기억처럼 실감이 났고, 동시에 그것이 반드시 현실이 될 것이라고 확신했습니다.

그날부터 매일 같은 상상을 반복했습니다. 아침에 눈을 뜨면서, 도서관에 가는 길에, 공부하다가 지칠 때, 그리고 잠들기 전까지 계속해서 그 모습을 그렸습니다.

★ 간절함을 점수화하라

모든 시험에는 합격 점수가 있습니다. 60점이든, 100점이든, 2,000점이든 말이죠. 그런데 저는 이 점수를 단순한 지식의 점수가 아니라 '간절함의 점수'라고 생각하게 되었습니다. 즉, 내가 얼마나 간절하게 합격을 원하느냐, 그 간절함의 정도가 곧 합격 가능성을 결정한다는 독창적인 이론을 만들어낸 것입니다.

예를 들어 사법시험의 합격선이 대략 80점 정도라고 할 때, 저는 제 자신에게 물었습니다.

만약 자신의 간절함이 상위 10% 안에 든다면, 합격 가능성도 그만큼 높아진다고 생각했습니다. 이것을 저는 '간절함 지수'라고 생각했습니다.

만약 여러분이 100점 만점에서 100점의 간절함을 가지고 있다면 여러분은 수험생 중에서 가장 간절한 사람이 될 것입니다. 그리고 그 간절함은 반드시 결과로 이어집니다.

매일 저녁 잠들기 전, 저는 스스로에게 물었습니다. '오늘 하루 나의 간절함 지수는 몇 점이었을까?' 공부에 완전히 몰입했던 날은 90점, 조금 딴 생각을 했던 날은 70점, 힘들어서 포기하고 싶었던 날은 50점 이런 식으로 스스로를 평가했습니다. 만약 그 점수가 평소보다 낮다고 생각되면, 다음 날 더 많이 공부하고, 더 집중하고, 더 간절하게 합격을 원했습니다.

특히 힘들고 지칠 때면 이 간절함 지수를 떠올렸습니다. '지금 이 순간 나보다 더 간절한 사람이 있을까? 나보다 더 절실하게 원하는 사람이 있을까? 전국에서 가장 간절한 상위 1%에 들 수 있을까?' 이런 생각을 하면 자연스레 다시 힘이 났습니다.

★ 끌어당김의 법칙이 증명한 무한한 가능성

제가 수험생활에서 얻은 가장 큰 깨달음은 인간의 마음이 가진 놀라운 창조력이었습니다. 론다 번이 『시크릿』에서 말하는 끌어당김의 법칙이 단순한 철학적 개념이 아니라 실제로 현실을 움직이는 과학적 원리라는 것을 저는 두 번이나 직접 경험했습니다.

간절히 원하고, 끊임없이 노력하고, 끝까지 포기하지 않으면 정말로 기적이 일어납니다. 아무것도 없었던 평범한 대학생이 간절함 하나로 시작해서 마침내 성공한 스타 변호사가 되기까지의 과정은 스스로도 믿기 어렵습니다.

지금 이 글을 읽는 여러분도 각자의 시험과 목표를 앞두고 있을 것입니다. 공무원이 되고 싶은 분, 취업에 성공하고 싶은 분, 자격증을 취득하고 싶은 분 등 목적은 다 다르지만 성공하고 싶은 마음은 같을 것입니다. 여러분만의 간절함을 찾아야 합니다.

왜 그 목표를 이루고 싶은지, 그 목표가 여러분의 인생에 어떤 의미인지, 이루었을 때 어떤 기쁨을 느낄 수 있을지를 구체적으로 생각해 보세요. 그리고 그 과정에서 진정한 간절함을 발견하고 키워가시길 바랍니다.

간절함은 분명 출발점이자 가장 강력한 원동력입니다. 그러나 간절함만으로는 충분하지 않습니다. 그 마음을 지속할 수 있는 구조로 만들고, 구체적인 행동으로 옮기며, 신뢰할 수 있는 사람들과 나누는 과정이 함께 따라야 합니다. 무엇보다 끝까지 포기하지 않게 해주는 방향과 방법이 필요합니다.

제가 기울였던 극한의 노력을 모든 사람이 그대로 따라 할 필요는 없습니다. 각자의 상황과 환경은 다르기 때문입니다. 다만 누구나 자신의 자리에서 최선을 다할 수는 있습니다. 이 책에서 간절함이라는 힘을 어떻게 전략적으로 이용하며, 합격이라는 결과로 연결했는지 제 경험을 통해 차분히 풀어내고자 합니다.

목표 설정의 예술
: 그랜드 매크로 골에서 마이크로 골까지

★ 그랜드 매크로 골
: 삶의 진정한 목적을 찾아서

공부를 시작하기 전에 우리가 가장 먼저 해야 할 일은 바로 '왜'라는 질문에 대답하는 것입니다. 왜 우리는 이 공부를 해야 할까요? '매크로 골(Macro Goal)'은 일상에서는 큰 목표, 장기 목표 의미로 쓰이는 표현입니다. 저는 이것을 응용해 '그랜드 매크로 골(Grand Macro Goal)'을 생각했습니다. 이는 단순한 합격을 넘어서는 우리 삶의 궁극적인 목적과 비전을 의미합니다. 예를 들어 변호사 시험을 준비하는 사람에게 '변호사가 되겠다'는 그랜드 매크로 골이 아닙니다. '어려운 사람들을 도와주고, 사회에 공헌하기 위해 인권 변호사가 되겠다'는 비전은 그랜드 매크로 골이 될 수 있습니다.

이렇게 큰 비전을 가지는 것이 왜 중요할까요? 수험생활은 길고 힘든 여정입니다. 하루하루가 고된 싸움의 연속이고, 때로는 포기하고 싶은 마음이 들기도 합니다. 이런 순간에 우리를 지탱하는 것은 바로 큰 목적의식입니다. **시험에 합격하는 것만이 목표라면 조금만 어려워져도 쉽게 포기할 수 있습니다. 하지만 공부를 통해 이루고자 하는 더 큰 꿈이 있다면 그것은 어떤 어려움도 극복할 수 있는 강력한 동력이 됩니다.**

의사를 꿈꾸는 사람이라면 '많은 사람들의 생명을 구하고, 불치병을 정복하는 데 기여하겠다'는 큰 목표를 가질 수 있습니다. 이런 비전이 있다면 밤늦게 공부하는 것도, 어려운 과목을 마주하는 것도 모두 의미 있는 일이 됩니다. 그것은 단순히 개인의 성공을 위한 것이 아니라 더 큰 사회적 가치를 실현하기 위한 과정이기 때문입니다.

이러한 그랜드 매크로 골을 설정할 때 중요한 것은 진정성입니다. 남들이 좋아해서, 사회적으로 인정받아서가 아니라, 정말로 내 마음 깊은 곳에서 우러나오는 목표여야 합니다. 그래야만 힘든 순간에도 그 목표가 우리를 지탱해 줄 수 있습니다.

★ 매크로 골
: 구체적인 이정표 세우기

그랜드 매크로 골이 우리의 궁극적인 비전이라면, '매크로 골(Macro Goal)'은 그 비전을 실현하기 위한 구체적인 이정표입니다. 매크로 골을 설정할 때는 구체성과 현실성이 중요합니다. 막연히 '언젠가 합격하겠다'가 아니라 '몇 년 몇 월까지 어떤 시험에 합격하겠다'처럼 명확한 시한을 정해야 합니다. 이렇게 구체적인 목표가 있어야 역산해서 계획을 세울 수 있고, 진도를 점검할 수 있습니다.

하지만 매크로 골 자체가 목적이 아닙니다. 매크로 골은 그랜드 매크로 골을 실현하기 위한 수단일 뿐이며, 이를 명확히 인식하고 있어야 시험 준비 과정에서 방향을 잃지 않을 수 있습니다.

★ 마이크로 골
: 일상을 변화시키는 작은 습관들

아무리 큰 목표가 있어도 그것을 일상적인 행동으로 연결시키지 못한다면 달성할 수 없습니다. 이때 필요한 것이 바로 '마이크로 골(Micro Goal)'입니다. 마이크로 골은 큰 목표를 달성하기 위해 매일매일 실행할 수 있는 작은 단위의 목표를 의미합니다.

마이크로 골의 핵심은 심리적 부담을 줄이는 것입니다. 예를 들어 천 페이지의 책을 공부해야 한다고 생각하면 막막하지만, '오늘은 한 페이지만 공부하자'라고 생각하면 마음이 한결 편해집니다. 물론 실제 공부해야 할 양은 똑같습니다. 하지만 이렇게 목표를 작게 쪼개서 공부하면 부담이 줄어 마음 편하게 공부할 수 있습니다. 일종의 심리적 기술입니다.

'하루에 한 페이지만 읽자.' 이것은 단순해 보이지만 매우 효과적인 전략입니다. 많은 사람들이 책을 읽어야 한다고 생각하지만 바쁜 일상 때문에 독서할 시간이 없다고 말합니다. 하지만 하루에 한 페이지는 아무리 바빠도 읽을 수 있지 않을까요? 이 전략의 진짜 힘은 쉬운 시작에 있습니다. '시작이 반이다'라는 말이 있듯이, 한 페이지를 읽다 보면 자연스럽게 두 페이지가 되고, 두 페이지가 열 페이지가 되고, 때로는 백 페이지까지도 읽게 됩니다.

공부에 있어서도 마찬가지입니다. 정말 공부가 하기 싫은 날도 '오늘은 1시간만 공부하자'라고 생각하면, 실제로는 1시간을 넘어 그 이상 공부하게 되는 경우가 많습니다. **중요한 것은 진입 장벽을 낮추는 것입니다. 처음에 부담을 줄여주면 실제로는 더 많은 일을 해낼 수 있게 됩니다.**

더 중요한 것은 이런 작은 습관들이 우리의 정체성을 바꾼다는 점입니다. 매일 1시간이라도 공부하는 사람은 자신을 '공부하는 사람'으로 인식하게 됩니다. 이런 정체성의 변화가 결국 더 큰 변화로 이어집니다.

지루함을 내 편으로
만드는 법

★ 본성을 인정하는 것부터 시작하자

"오늘은 정말 공부하고 싶은 날이야!" 이런 말을 진심으로 할 수 있는 수험생이 과연 몇 명이나 될까요? 제가 만났던 수많은 수험생 중에서도 손에 꼽을 정도입니다. 대부분은 매일 아침 무거운 마음으로 책상 앞에 앉습니다. 놀고 싶고, 쉬고 싶고, 유튜브 보고 싶고, 친구들을 만나고 싶은 마음이 굴뚝같은데 눈앞의 책은 마치 넘을 수 없는 만리장성처럼 느껴집니다.

문제는 이런 본성을 부정하려고 할 때 시작됩니다. "나는 왜 이렇게 의지가 약할까?", "다른 사람들은 다 열심히 하는데 나만 이런 건 아닐까?" 하는 자책은 오히려 공부에 대한 거부감을 키울 뿐입니다. 제가 제안하는 전략은 공부하기 싫은 마음을 인정하고, 그것을 출발점으로 삼는 것입니다.

★ **일상의 마법**
: 평범함이 만드는 비범한 결과

제가 수험생활을 통해 발견한 가장 큰 역설은 공부의 적은 '반복되는 일상'이 아니라, 오히려 그 일상을 깨뜨리는 '일탈'이라는 것입니다. 많은 사람들이 매일 같은 시간에 일어나 같은 자리에 앉아 같은 책을 펼치는 것을 지루하고 답답한 감옥으로 여깁니다. 하지만 제 경험은 정반대였습니다.

사법시험 수험생 시절, 저는 매일 새벽 5시에 일어났습니다. 알람이 울리면 정확히 5분 안에 이불을 개고, 10분 안에 세수를 마치며, 30분 안에 아침 식사를 끝냈습니다. 그리고 6시가 되면 어김없이 책상 앞에 앉았습니다. 이런 기계적인 반복이 처음에는 숨막히게 느껴졌지만, 시간이 지나자 놀랍게도 이 반복에서 큰 자유를 느꼈습니다.

왜 그럴까요? 결정하는 피로를 줄일 수 있기 때문입니다. 매일 아침 '오늘은 몇 시에 일어날까', '어디서 공부할까', '무엇부터 시작할까' 고민하는 데 쓰는 에너지를 아낄 수 있게 된 것입니다. 애플의 스티브 잡스가 매일 같은 옷을 입었던 것과 같은 이유입니다. 사소한 결정들을 자동화함으로써, 중요한 학습에 모든 에너지를 집중할 수 있습니다.

더 놀라운 것은 이런 일상이 만드는 '복리 효과'였습니다. 매일 10시간씩 300일을 이어가면 3,000시간입니다. 이는 공부를 하다가 중단하고 다시 하기를 반복하는 사람이 3~4년에 걸쳐 달성하는 시간입니다. 하지만 단순히 기간의 차이만이 아닙니다. 연속적으로 축적된 3,000시간과 단속적으로 쌓인 3,000시간은 완전히 다른 결과를 만듭니다.

★ 진짜 성장은 권태 속에서 이루어진다

"공부가 지루해요." 수험생들이 많이 하는 하소연 중 하나입니다. 이는 나쁜 반응이 아닙니다. 왜냐하면 이제 공부가 몸에 익기 시작했다는, 즉 공부가 습관의 궤도에 올라섰다는 가장 명확한 신호이기 때문입니다. 처음에는 온몸이 공부를 거부하는 것처럼 느껴집니다. 고개를 돌릴 때마다 딴생각을 하게 되고, 책장을 넘길 때마다 마음속에서는 지금 당장 그만두고 싶은 충동이 꿈틀거리죠.

하지만 이상하게도 이 시기를 지나 꾸준히 앉아 있다 보면, 어느 순간 책을 펴는 일이 그렇게 싫지 않게 느껴지고, 공부 시간이 일정하게 유지되기 시작하며, 모르는 문제를 맞닥뜨려도 예전처럼 당황하지 않게 됩니다. 바로 그때 사람들은 이렇게 말하기 시작합니다. "공부가 너무 지루해요." **정말 아이러니한 일이지만, 사실 이 '지루함'이야말로 공부가 몸에 스며들기 시작했다는 신호입니다.**

문제는 공부가 너무 지겹다고 느끼는 이 시점부터 유혹이 시작된다는 것입니다. 공부가 지루해졌다는 이유로 유튜브 쇼츠를 한두 개만 본다며 스마트폰을 집어 들고, 가볍게 게임 한판만 한다며 노트북을 켜고, 단체 채팅방에서 친구들의 소식에 기웃거리다 보면 어느새 집중은 흐트러지고, 습관과 루틴은 끊어지며 애써 만든 공부의 흐름이 흔들리기 시작합니다. 공부가 지루해졌다는 이유로 새로운 것을 찾아보기도 하고, 뭔가 자극적인 걸 시도해야 할 것 같은 생각에 휩싸이기도 합니다.

이는 마치 헬스장에서 근육이 막 붙기 시작한 순간에, "아직 몸이 별로 변하지 않았네"라며 운동을 멈추는 것과 같습니다. 변화는 가장 평범하고 반복적인 순간에 일어나기 시작합니다. 드라마틱한 자극이나 새로운 기법이 아니라, 오늘도 어제와 같은 방식으로 공부한 그 시간이 쌓이면서 실력이라는 커다란 탑이 세워집니다. **이 단조로움 속에서 진짜 내공이 자라나고 있다는 사실을 모른 채, 많은 사람들이 '새로움'이라는 미끼에 이끌려 소중한 일상의 습관을 스스로 무너뜨립니다.**

공부는 재미없고, 느리고, 답답할 수 있습니다. 저도 동의합니다. 하지만 바로 그 속도와 리듬으로 달려야만 시험이라는 장기 레이스를 완주할 수 있습니다. 재미없고 지루한 기본서를 끝까지 읽는 능력, 이미 외운 내용을 또 복습할 수 있는 인내, 반복되는 일정을 견딜 수 있는 끈기야 말로 합격에 반드시 필요한 체력이고, 마음의 근육입니다.

★ 정직한 공부가 주는 보상

저는 공부에서 가장 중요한 것은 요령이 아니라 '정직함'이라고 생각합니다. 그렇다면 정직하게 공부했을 때 우리에게 돌아오는 것은 무엇일까요? 단순히 도덕적으로 옳다는 만족감만이 아닙니다. 정직한 공부는 결국 실력으로 남습니다. 이해하지 못한 부분을 넘어가지 않고, 모르는 것을 모른다고 인정하며, 기본을 반복하는 과정 속에서 실수는 줄어들고 판단은 정확해집니다. 시험이 가까워질수록 흔들리지 않는 힘 역시 이런 공부에서 나옵니다.

눈앞의 편법보다 정직한 공부를 선택한 사람은 시간이 지날수록 분명한 차이를 경험하게 됩니다. 그 차이는 점수로, 결과로, 그리고 무엇보다 스스로에 대한 신뢰로 돌아옵니다. 이것이 정직한 공부가 주는 가장 확실한 보상입니다. 제 경험과 제 주변의 수많은 사례를 통해 발견한 '정직한 공부가 주는 일곱 가지 보상'을 소개합니다

1. **진짜 실력이 쌓입니다.** 요령으로 얻은 지식은 모래 위에 지은 집과 같지만, 정직하게 공부한 내용은 단단한 반석이 됩니다. 제가 20년 전 공부한 법조문들을 아직도 기억하는 이유입니다.

2. **흔들리지 않는 자신감이 생깁니다.** '나는 정직하게 해냈다'는 자부심은 평생의 자산이 됩니다.

3. **스트레스가 줄어듭니다.** 거짓으로 실력을 부풀리면 늘 불안합니다. 정직한 사람은 숨길 것이 없어 마음이 편합니다.

4. **장기적으로 봤을 때 더 큰 성과로 이어집니다.** 정직한 공부가 단기적으로는 손해 같아도, 결국은 인정받습니다. 실력이 진짜이기 때문입니다.

5. **인간관계가 좋아지고 신뢰가 형성됩니다.** 정직한 사람 주위에는 정직한 사람들이 모입니다. 서로 신뢰하는 관계가 형성됩니다.

6. **누군가의 롤모델이 됩니다.** 정직하게 공부하고 합격한 사람

은 합격 후에 자녀에게 "엄마, 아빠처럼 정직하고 열심히 공부해서 훌륭한 사람이 되어라!"라고 당당하게 말할 수 있습니다.

7. 내면의 평화를 얻습니다. 정직하게 공부한 사람은 밤에 편안히 잠들 수 있고, 거울을 볼 때 부끄럽지 않습니다. 제 자신에게 떳떳한 마음이 생깁니다.

★ 준비하는 습관의 힘

성공한 많은 사람들이 '습관이 중요하다, 루틴이 중요하다'고 말합니다. 하지만 정작 중요한 것은 그 습관을 만드는 방법입니다. 저는 수험생활을 통해 습관을 만드는 과정에서 가장 중요한 것이 '진입 장벽을 낮추는 것'이라는 점을 깨달았습니다.

공부를 시작하기까지의 과정을 떠올려 보세요. 책상을 정리하고, 교재를 찾고, 필기구를 준비하고, 핸드폰을 치우는 이 모든 과정이 귀찮아서 결국 소파에 누워버리는 경우가 얼마나 많은가요? 제가 제안하는 방법은 이렇습니다. 전날 밤에 다음 날 공부할 내용을 책상 위에 펼쳐놓고, 필기구도 준비해 두며, 심지어 책갈피까지 끼워두세요. 아침에 일어나면 그저 평상시 습관처럼 바로 의자에 앉아 공부를 시작할 수 있도록 모든 것을 준비해 두는 것입니다.

★ 절제는 손해가 아니라 미래를 위한 투자다

수험생활을 지나온 사람들은 압니다. 매일 반복되는 공부의 리듬 속에서 얼마나 많은 것들을 내려놓아야 했는지, 친구들과의 약속을 거절하고, 주말에 떠나는 짧은 여행마저 망설이며 포기했던 그 수많은 순간들을 말이죠. 그때는 그런 절제가 큰 손해처럼 느껴졌습니다. 하지만 합격의 문턱을 넘어서고 나면, 그 모든 절제는 결코 손해가 아니었고, 오히려 자신을 단단하게 만들어준 성장의 시간이었다는 걸 깨닫게 됩니다.

저도 합격자 발표 후 평소에 해보고 싶었던 일들을 하나씩 꺼내 실행에 옮겼습니다. 공부하느라 미뤄두었던 영화들을 몰아서 보기도 했고, 예술의 전당에서 공연을 관람하기도 하고, 친구들과 시간을 보내며 밤늦도록 웃고 이야기했습니다. 그 어떤 일도 예전처럼 마음이 무겁지 않았습니다. '그동안 고생했으니 보상을 받아도 된다', '이제는 내가 누려도 되는 시간이다'라는 당당한 마음이 있었고, 그 덕분에 예전보다 훨씬 더 큰 즐거움을 느낄 수 있었습니다.

수험생에게 가장 어려운 일 중 하나는 바로 '지금 하고 싶은 일'과 '미래에 하고 싶은 일' 사이에서 균형을 잡는 것입니다. 지금의 유혹은 잠시 접어두어도 됩니다. 그리고 정말 하고 싶은 일은 합격 후에도 얼마든지, 훨씬 더 가벼운 마음으로, 더 큰 자유

속에서 할 수 있습니다.

　지금의 절제는 단지 무언가를 포기하는 것이 아니라, 더 자유로운 미래를 위해 나를 훈련시키는 과정입니다. 그 절제와 인내는 결국 내가 선택한 미래로 가는 가장 확실한 지름길이 되어줄 것입니다.

긍정의 힘
: 마음의 나침반이 가리키는 곳

★ **긍정적인 사고의 힘**

저는 수험생활 동안 스스로에게 매일 이렇게 다짐했습니다.

"나는 반드시 합격한다. 나는 해낼 수 있다. 이 길은 결국 나를 위해 열릴 것이다."

스스로에게 말을 했을 뿐인데 신기하게도 변화가 시작되었습니다. 같은 내용을 공부해도 이해가 빨라졌고, 암기한 것들이 오래 기억에 남았습니다. 무엇보다 공부하는 시간이 고통스럽지 않게 되었습니다. 그리고 마침내 그토록 바라던 합격의 순간이 찾아왔습니다.

주변을 돌아보면 대부분 긍정적인 사람들이 합격했습니다. 스터디를 하거나 학교에서 공부를 할 때면 긍정적인 사람들과 부정적인 사람들이 눈에 보입니다. 부정적인 사람들은 매사에 부정적인 태도로 다른 사람을 힘들게 하고 결국엔 수험생활에 적응하지 못했죠. 이런 사람은 항상 짜증 섞인 말투와 성격으로 인해 시험도 결국 망치곤 합니다.

부정적인 사람은 항상 핑계를 댑니다. '내가 이래서 시험을 못 봤다, 저래서 시험을 못 봤다.' 항상 남 탓을 하고, 책임감도 없습니다. 이런 사람들은 성공하기가 어렵습니다.

여기서 주의할 점이 있습니다. 마냥 낙천적으로 인생을 사는 것과 긍정적으로 사는 것은 다릅니다. 무조건 낙천적인 사람은 수험생활 자체를 그저 즐기기만 합니다. 공부도 열심히 안 하면서 말입니다.

긍정적인 사람은 본인이 정말로 열심히 공부를 했음에도 불합격했을 경우, 그 원인을 파악한 다음 위기를 기회로 삼아서 결국에 합격합니다. 무조건 낙천적으로, 백수나 한량처럼 논다고 해서 다 합격하는 것은 아닙니다. 전화위복, 새옹지마는 노력을 통해 위기를 기회로 만드는 사람이 성공한다는 의미입니다.

★ 장원영의 '럭키비키'가 가르쳐준 일상의 마법

"완전 럭키비키잖아!" 아이돌 장원영 님의 '원영적 사고'를 아시나요? 사연은 이렇습니다. 장원영 님이 스페인의 한 빵집을 찾았는데, 앞 사람이 빵을 다 사간 탓에 조금 기다려야 하는 상황이 됐습니다. 그런데 그녀는 "앞 사람이 제가 사려는 빵을 다 사가서 너무 럭키하게 새로 갓 나온 빵을 받아보게 됐다"라고 말했습니다.

이 이야기를 듣고 저는 무릎을 탁 쳤습니다. '바로 이거다!' 제가 수험생활 중 가장 힘들었을 때 스스로에게 했던 말과 똑같았거든요.

미국변호사 시험을 준비할 때의 일입니다. 어느 날 파일이 손실되어 오랫동안 정리했던 상당 분량의 자료가 삭제되었습니다. 순간 짜증이 났지만 생각을 바꿨습니다. '와, 완전 럭키! 다시 자료를 만들면 한 번 더 복습할 수 있겠네! 이번에는 더 멋진 자료를 만들고 다시는 자료를 분실하지 않을 수 있겠다!'

그러자 놀라운 일이 일어났습니다. 그날따라 집중도 잘되고 공부가 즐거웠던 것입니다. 더 신기한 것은 그날 공부하고 정리한 내용이 다음 모의고사에 그대로 나왔다는 것이죠. 정말로 '럭키비키'였던 셈입니다.

부정적인 생각을 긍정적인 생각으로 전환하는 효과적인 방법 중 하나는 스스로에게 긍정적인 자기암시를 주는 것입니다. '나는 할 수 있다' 혹은 '이번 경험을 통해 더 성장할 수 있어' 같은 긍정적인 말을 반복하는 것이지요.

부정적인 생각, 스트레스, 우울함이 찾아올 때는 부정적인 생각을 잠시 멈추고 충분한 수면을 취하는 것도 좋은 방법입니다. 산책도 기분 전환에 좋습니다. 특히 자연 속에서, 숲이나 공원에서 산책하면 기분이 좋아집니다. 새소리를 듣고 반려동물과 시간을 보내고, 취미 생활을 하는 것도 좋은 방법입니다.

가벼운 스트레칭이나 요가를 하면서 몸을 풀어주는 것도 좋고, 좋아하는 음악을 들으면서 잠깐 쉬는 것도 큰 도움이 됩니다. 또한 명상이나 심호흡을 통해서 마음을 차분하게 가라앉히는 것도 좋은 방법 중 하나입니다. 이렇게 다양한 방법들을 조합해 보면서 자신에게 가장 잘 맞는 루틴을 찾아가는 것이 중요합니다.

선택과 집중의 기술
:외부 세상으로부터의 독립

★ 월드컵 응원 VS 도서관에서 공부

2002년, 대한민국 사람들이 붉은색 티셔츠를 입고 거리로 쏟아져 나왔습니다. 월드컵의 열기가 한반도를 뜨겁게 달궜고, 사람들은 맥주잔을 들고 "대~한민국!"을 외치며 축제의 밤을 보냈습니다. 그 뜨거운 여름, 저는 집과 독서실에서 사법시험 교재와 씨름하고 있었습니다.

친구들이 함께 응원하러 가자고 했을 때, 저 역시 마음이 흔들렸습니다. 우리나라가 월드컵 4강에 진출하는 역사적인 순간에 함께하고 싶었죠. 하지만 저는 그 제안을 거절했습니다. 왜냐하면 월드컵 응원도 중요하지만 인생 전체를 놓고 보면 더 중요한 '사법시험 합격'이라는 목표가 있었기 때문입니다.

성공적인 학습을 위해서는 때로는 선택과 집중을 위한 결단이 필요합니다. **모두가 즐길 때 한발 물러나, 오로지 목표에만 집중해야 하는 순간들이 있습니다.** 이번 장에서 이야기하고자 하는 것은 바로 그런 선택과 집중의 기술입니다.

★ 뉴스와 SNS의 유혹 속에서 살아남기

제가 수험생활 중 각종 유혹을 끊은 이유는 간단합니다. 우리의 뇌는 한정된 용량을 가지고 있기 때문입니다. 계속해서 다른 정보를 받아들이면 이미 공부한 내용을 망각할 수밖에 없습니다. 뇌과학에서 말하는 '간섭 이론(Interference Theory)'에 따르면 새로운 정보가 기존 기억에 간섭을 일으켜 학습 효과를 떨어뜨릴 수 있습니다.

SNS나 각종 영상 매체도 마찬가지입니다. SNS를 한다고 해서 반드시 즐거운 것은 아닙니다. 잠깐 즐거운 것을 찾다가 오히려 짜증나고 괴로운 것을 보기도 하고, 스트레스를 받는 경우도 많습니다. 감정이 소모되면 그 스트레스가 오래 지속됩니다. 그리고 이것은 수험생활에 큰 독이 될 수 있습니다.

그렇지만 중요한 것은 외부 세계와 너무 단절되면 안 된다는 점입니다. 외부에서 정보를 얻어야 하는 경우들이 있습니다. 예를 들어, 사법시험의 경우 최신 법령이나 판례 변화에 주의를 기울여야 합니다. 그래서 그런 뉴스들은 따로 찾아봐야 합니다.

이런 정보만을 전문적으로 다루는 카페나 인터넷 사이트가 있습니다. 그런 곳에서 잠깐씩만 정보를 확인하면 됩니다. 너무 자주 볼 필요는 없고, 일주일에 한 번 정도 확인해서 어떤 변화가 있는지 체크하면 됩니다.

실제로 고시나 자격증 시험, 공무원 시험 등 높은 난이도의 시험을 준비하는 사람들은 비슷한 방식으로 불필요한 정보나 활동을 최소화하고, 꼭 필요한 정보의 업데이트만 챙기면서 공부에 집중하는 사례가 많습니다. 예전에 고시를 준비하는 사람들이 깊은 산속 절에 들어가 공부했던 것도 이런 이유였죠.

★ 한정된 에너지의 전략적 활용

제 경험을 종합해 보면, 성공적인 학습을 위해서는 무엇보다 자신의 에너지를 전략적으로 관리해야 한다는 결론에 도달합니다. 인간의 에너지는 한정되어 있습니다. 그렇기 때문에 본인의 에너지를 어디에 쏟을 것인지에 대한 명확한 선택이 필요합니다.

오로지 공부와 학습에 100% 집중하고 에너지를 쏟아야 하는데, 그것을 분산시키면 안 됩니다. 쓸데없이 누군가와 언쟁을 해서 마음고생하는 일들은 전혀 필요가 없는 것입니다. **오로지 에너지의 100%를 학습에 집중하는 것이 핵심입니다.**

저는 2002년 월드컵의 뜨거운 열기 속에서도 홀로 책상 앞에서 공부했고, 한국의 복잡한 정치 상황 속에서도 뉴스를 끊고 시험에 집중했습니다. 이 모든 선택들이 결국 성공으로 이어졌습니다. 때로는 모든 사람이 즐길 때 외로운 길을 걸어야 합니다.

하지만 그 외로움은 일시적입니다. 목표를 달성한 후에는 더 큰 자유와 선택권을 갖게 됩니다. 성공은 자신의 영향력과 사회적 영향력을 증대시키는 방법입니다. 반드시 성공하고 싶다면 지금 당장의 작은 즐거움은 포기하고 열심히 공부해야 합니다.

좋은 습관 VS 나쁜 습관

★ 좋은 습관의 위력

제가 수험생활을 통해 체득한 좋은 습관들을 구체적으로 소개하고자 합니다. 이 습관들은 단순한 이론이 아니라, 실제로 제가 매일 실천하며 그 효과를 검증한 것들입니다.

첫째, 규칙적인 식사 습관

규칙적인 식사는 단순히 건강을 위한 것이 아니라 하루의 리듬을 만드는 중요한 기준점이 됩니다. 식사 시간을 중심으로 공부 시간을 배분하면 자연스럽게 시간 관리가 됩니다.

둘째, 목적이 분명한 독서 습관

수험생의 독서는 일반적인 독서와는 달리 목적이 분명해야 합니다. 저는 수험서, 기본서, 그리고 직접 정리한 노트를 반복해서 읽었습니다. 특히 자기 전 30분은 그날 공부한 내용을 복습하는 시간으로 정했습니다. 이 습관 덕분에 단기 기억이 장기 기억으로 전환되는 비율이 크게 높아졌습니다.

셋째, 노트 정리와 색상 정리 습관

저는 직접 손으로 작성해서 서브노트를 만들거나 워드나 PDF 등을 활용해 디지털 노트를 만들고 색상을 이용하여 정리했습니다. 빨간 펜은 다수설이나 중요 내용, 파란 펜은 소수설이나 반대 견해, 초록 펜은 법조문이나 판례를 표시했습니다. 색깔을 구분해서 하는 공부법은 단순한 시각적 효과를 넘어, 논리 구조를 머릿속에 각인시키는 강력한 도구입니다.

넷째, 꾸준한 운동 습관

저는 20년 가까이 운동을 해왔지만 수험 기간에는 매일 30분 산책과 가벼운 운동으로 컨디션에 따라 강도를 조절했습니다. 수험생이 하루 3~4시간씩 헬스장에서 시간을 보낸다면 정작 공부할 체력이 남지 않습니다. 가벼운 운동으로도 충분히 건강을 유지할 수 있었고, 오히려 공부에 더 집중할 수 있었습니다.

다섯째, 명상과 성찰의 습관

매일 아침 10분간 명상을 하며 하루를 시작했습니다. 그리고 저녁에는 그날 공부한 내용을 노트에 정리하고 머리속으로 복습했습니다. 이 시간은 휴식이라기보다 마음을 정리하고 다음 날을 준비하는 중요한 의식이었습니다

여섯째, 스터디 그룹 참여 습관

저는 주말마다 스터디 그룹에 참여했습니다. 같은 목표를 가진 비슷한 상황의 사람들과 함께 공부하다 보니 자연스럽게 동기부여가 되었고, 서로의 공부법을 공유하며 많은 것을 배웠습니다. 좋은 습관을 가진 사람들과 함께 있으면 나도 모르게 그들의 습관을 따라 하게 됩니다.

★ 나쁜 습관의 함정

반대로 수험생활을 망치는 나쁜 습관들도 있습니다. 저도 이런 습관들과 싸우며 많은 시행착오를 겪었습니다.

첫째, 게으름과 나태함

'오늘 하루쯤은 쉬어도 되겠지'라는 생각이 하루가 되고, 이틀이 되고, 일주일이 됩니다. 저도 한때 이런 유혹에 빠져 일주일 가까이 제대로 공부하지 못한 적이 있습니다. 다시 공부 리듬을 찾는 데 2주가 걸렸죠. 문제는 다시 원래의 흐름으로 돌아오는 데 많은 시간이 걸린다는 점이었습니다.

둘째, 불규칙한 수면 패턴

밤을 새우고 낮에 자는 생활을 반복하면 생체리듬이 쉽게 무너집니다. 저도 초기에는 '밤이 조용해서 공부가 잘된다'며 밤을 새웠지만, 결과적으로는 공부 효율이 급격히 떨어졌습니다.

셋째, 술과 담배 같은 유해 습관

스트레스를 핑계로 술을 마시거나 담배를 피우는 것은 일시적인 위안은 될지 몰라도, 장기적으로는 건강과 집중력을 해칩니다. 저는 수험 기간 동안 금주와 금연을 철저히 지켰고 지금까지도 이를 유지하고 있습니다. 이 선택이 공부의 지속력과 컨디션 관리에 큰 도움이 되었습니다.

넷째, 과도한 휴대폰 사용이나 영상 시청

휴대폰은 요즘 수험생들의 가장 큰 적입니다. SNS를 잠깐 보려다가 한 시간이 훌쩍 지나가는 경험, 누구나 있을 것입니다. 저도 이 문제로 많이 고민했고 결국 공부 시간에는 휴대폰을 아예 다른 방에 두는 극단적인 방법을 택했습니다.

다섯째, 부정적인 사고와 스트레스

수험생활에서 가장 큰 적은 외부에 있는 것이 아니고 내면에 있습니다. '나는 안 될 거야', '남들은 다 잘하는데 나만 못해' 같은 부정적인 생각은 학습 효율을 크게 떨어뜨립니다. 저도 불합격 통지를 받을 때마다 이런 생각에 빠졌지만, 의식적으로 긍정적인 사고로 전환하려 노력했습니다.

여섯째, 과도한 유흥과 불필요한 모임

술자리, 동창회, 각종 모임이 나쁘다는 것은 아니지만 수험 기간에는 최소화해야 합니다. 저는 수험생활 동안 정말 중요한 경조사를 제외하고는 모든 모임을 정중히 거절했고 공부에만 집중했습니다. 유흥은 멀리하거나 단절하는 것이 필요하고 여러 모임은 합격한 뒤에 참석해도 늦지 않습니다.

수험생이 경험하는 행운과 불운

★ 행운과 불운을 마주하는 자세

수험 과정에서는 불운과 행운이 번갈아 찾아옵니다. 이는 특별한 일이 아니라, 누구에게나 자연스럽게 일어나는 현상입니다. 시험은 언제나 준비한 만큼만, 그리고 예상한 방식으로만 진행되지는 않기 때문입니다. 대표적인 불운으로는 충분히 준비한 부분이 시험에 나오지 않거나, 컨디션 난조로 실력을 제대로 발휘하지 못하는 경우, 혹은 예상하지 못한 문제 유형이 출제되는 상황이 있습니다. 이런 일이 반복되면 좌절감이 커지고, 공부를 계속해야 할 이유 자체가 흔들리기도 합니다.

그러나 반대의 경험도 분명 존재합니다. 준비한 내용이 시험에 그대로 나오거나, 평소보다 컨디션이 좋아 실력을 모두 발휘하여 성과를 내는 순간도 찾아옵니다.

중요한 것은 이러한 행운과 불운에 일희일비하지 않고, 시험의 변수로 받아들이며 자신의 중심을 유지하는 태도입니다. 시험은 운이 나빠서 불합격하는 것이 아닙니다. 불안정한 조건에서도 자신의 실력을 최대한 끌어내도록 준비된 사람만이 '합격'이라는 결과를 선물로 받는 것입니다. 이 사실을 깨닫는 순간, 불운은 더 이상 포기의 이유가 아니라 다음 시험을 준비하는 기준점이 됩니다. **'합격'이라는 결과는 결코 우연이 아닙니다. 그것은 준비된 사람에게 주어지는 선물입니다.**

★ 행운을 놓치지 않는 준비된 자세

'행운은 준비된 자에게만 온다'는 단순히 추상적인 격언이 아닙니다. 행운은 모든 사람에게 언젠가 찾아옵니다. 인생에는 세 번의 큰 기회가 있다고 하죠. 기회는 누구에게나 찾아오지만 그 순간에 준비가 되어 있지 않으면 기회는 그냥 지나가버립니다. 마치 정류장에 서 있지 않으면 지나가는 버스를 타지 못하는 것처럼 말이죠.

정말로 최선을 다하고, 효율적으로 공부하고, 꼼꼼하고 철저하게 준비하는 사람들은 설령 한 시험에서는 아쉬운 결과가 나오더라도 다음 시험이나 다른 기회에서 좋은 성과로 이어지는 경우가 많습니다.

왜냐하면 실력은 결코 배신하지 않기 때문입니다. 한두 번은 운이 따르지 않을 수 있지만, **계속해서 준비하고 노력하다 보면 반드시 그 노력이 빛을 발하는 순간이 옵니다.**

★ 실력으로 운명을 바꾸는 가장 확실한 방법

어려운 시험일수록 운에 기대기보다 실력에 의지해야 합니다. 물론 운도 중요하지만 운은 우리가 통제할 수 없습니다. 반면 실력은 우리가 충분히 통제할 수 있습니다.

실력을 쌓는 것은 시간이 걸리고 인내가 필요합니다. 하지만 한번 쌓인 실력은 쉽게 사라지지 않습니다. 그리고 그 실력이 바탕이 되어야만 찾아온 행운을 확실히 잡을 수 있습니다.

준비가 되어 있지 않으면 기회가 와도 '어떻게 하지?' 하다가 놓치게 됩니다. 그리고 '다음에 해볼까' 하게 되는데, 다음에 또

같은 기회가 온다는 보장은 없습니다.

불운이 찾아와도 너무 낙담할 필요는 없습니다. 그것은 일시적인 현상일 뿐입니다. 그런 순간에도 꾸준히 실력을 쌓아 나가면 됩니다. 그러면 언젠가 행운이 찾아왔을 때, 그것을 확실히 잡아 큰 성공을 이룰 수 있을 것입니다. **여러분이 쏟은 시간과 노력은 결코 헛되지 않습니다. 그것들은 다른 분야에서도 큰 자산이될 것입니다.**

합격하고자 하는 사람에게 필요한 조언들

★ 1만 시간을 넘어, 1만 문제의 법칙

'1만 시간의 법칙'이란 말을 들어보셨을 겁니다. 누구나 어떤 분야에 1만 시간을 투자하면 전문가가 될 수 있다는 이론이죠. 저는 이보다 한 걸음 더 나아가 어떤 시험이든 1만 문제를 풀면 합격할 수 있는 '1만 문제의 법칙'을 제안합니다.

제가 2024년에 합격한 미국변호사 시험은 에세이 시험, 기록 시험을 친 뒤에 객관식 시험에서만 200문항을 풀어야 했습니다. 미국 수험생들은 보통 그 열 배인 2,000문항을 연습으로 푼다고 합니다. 그래서 저는 남들보다 열 배 더 풀자는 목표로 20,000 문항을 풀기로 했습니다. 영어가 모국어인 미국 사람들보다 열 배나 많은 문제를 목표로 했으니 당연히 합격할 수밖에 없었죠.

여러분에게도 같은 조언을 드립니다. **자신의 약점이 있다면, 그 부분에 남들보다 열 배의 노력을 쏟아부어 보세요.** 가혹하게 들릴 수도 있지만, 그렇게 하지 않으면 성공하기 어렵습니다. 노력 없이는 아무것도 얻을 수 없습니다.

★ 얻고 싶다면, 내려놓아야 한다

인생에서 모든 것을 동시에 가질 수는 없습니다. 이것도 하고 싶고, 저것도 하고 싶고, 놀고 싶으면서도 공부까지 완벽하게 해내고 싶다면, 결국 성공하기 어려워집니다. 어떤 일에 진지하게 도전하려면 다른 무언가를 잠시 뒤로 미루는 결단이 필요합니다.

좋아하는 것을 영원히 포기하라는 이야기가 아닙니다. **다만 '지금 이 시기만큼은 잠시 거리를 두자'는 제안에 가깝습니다.** 저 역시 시험을 준비하던 동안에는 TV나 영상 콘텐츠, 사람들과의 만남, 여가 활동 등을 의도적으로 줄였습니다. 억지로 참아낸 시간도 있었지만, '지금은 이 선택이 필요하다'고 스스로 납득하려 노력했습니다. 그렇게 한두 해가 지나 합격한 뒤에는, 마음의 부담 없이 여행도 다니고 사람들도 만나고 영화도 보며 그동안 미뤄두었던 즐거움을 천천히 누릴 수 있었습니다.

돌아보면, 그 시기는 고통스러운 절제라기보다 나중의 여유를 위한 잠시의 투자에 가까웠습니다. 각자의 상황은 다르지만, 각자의 상황에서 무엇을 조금 내려놓고 어디에 힘을 실을지 스스로 정해보는 일은 충분히 의미 있는 선택이 될 수 있습니다.

★ 공부 자체를 사랑하라

우리는 누군가를 사랑할 때, 항상 그 사람을 생각하고 함께 있고 싶어합니다. 이는 도파민이라는 뇌 속 화학물질과 관련이 있습니다. 유튜브나 인스타그램에 빠져드는 것도 마찬가지입니다.

그렇다면 공부에 이 원리를 적용해 보면 어떨까요? 다른 것에 도파민을 빼앗기지 말고, 공부 자체를 사랑해 보세요. '아, 이거 너무 힘들어'라고 짜증내지 말고, '이 과정 자체가 사랑스럽다'고 생각해 보세요.

미국 현지에서 미국변호사 시험을 볼 당시, 숙소에서 시험장까지 30분 정도 거리였는데, 저는 시간을 아끼려고 걷지 않고 뛰었습니다. 뛰면서도 그 시간을 활용하려고 헤드폰으로 스마트폰에 저장한 학습 파일을 들으면서 뛰었습니다. 스스로가 대견하다는 생각이 들었어요. '이 나이에 이렇게 열심히 공부하고 있구나!' 본인을 격려하며 이 과정 자체가 인생에서 중요한 순간이라고 여겨보세요.

★ 핑계 대지 말고 자신과의 약속을 지키자

공부에 있어서 중요한 것 중 하나는 자기와 한 약속을 지키는 것입니다. 예를 들어, 아침에 일어나면 '오늘은 50페이지를 보겠다'라고 스스로와 약속하세요. 그리고 그 약속은 반드시 지켜야 합니다. 만약 지키지 못하면, 잠도 자지 말고 끝까지 목표를 달상하겠다는 각오로 공부하세요.

저는 점심 시간을 아끼기 위해 도시락을 주문해 먹곤 했습니다. 도시락이 도착하면 '지금 하고 있는 공부를 마치지 않고는 밥도 먹지 않겠다' 다짐했고 때로는 12시에 온 도시락을 두고 1시까지 공부해 다 식은 밥을 먹은 적도 있었죠. 이런 작은 약속들이 놀라운 효과를 가져옵니다.

이런 약속은 하루, 일주일, 또는 1년 단위로 만들 수 있습니다. 그리고 이 약속을 혼자만 하지 말고, 주변 사람들에게도 알리세요. 가족에게 '1년 안에 합격하겠다'고 약속하는 거죠. 어떤 사람들은 시험 준비를 비밀로 합니다. 불합격하면 창피할까 봐 그러는데, 오히려 알리는 것이 좋습니다. 가족이나 친구에게 알리면 책임감이 생기고, '이 사람들에게 알렸으니 반드시 합격해야지' 하며 동기부여가 됩니다.

★ 고민하고, 찾고, 실천하라

스스로에게 질문해 보세요. '어떻게 하면 합격할 수 있을까?', '어떻게 하면 공부가 잘될까?' 합격하는 방법을 계속 찾다보면, 그 길이 보입니다. '두드려라! 그러면 열릴 것이다!(Knock, and the door will be opened.)' 그 길은 선배의 합격 수기를 통해 찾을수도 있고, 이 책을 통해 찾을 수도 있습니다. 항상 방법을 찾고, 다양한 시도를 해보면 반드시 합격의 길이 보일 것입니다.

방법을 찾았다면 실천해 보세요. 시행착오를 겪더라도, 실패하더라도 너무 낙담하지 마세요. 계속해서 고민하고 개선하다보면 결국에는 합격할 수 있습니다.

남들이 하는 대로 따라 하며 시간만 보내는 것이 아니라, 적극적으로 스스로 찾아서 공부해야 합격합니다. 좋은 선생님을 찾고, 스터디에 적극 참여하고, 모르는 문제는 자료를 찾아보고, 이렇게 적극적으로 행동하면 슬럼프에 빠지지 않고 반드시 합격할 수 있습니다.

★ 합격을 향한 체계적이고 구체적인 시스템을 만들자

빠르게 합격하고 싶다면 효율적인 방법을 찾아야 합니다. 시행착오는 있을 수밖에 없지만, 그것을 최소화하는 것이 중요합니다.

가장 효과적인 방법은 바로 합격한 사람을 만나는 것입니다. 합격한 사람이 어떻게 공부했는지 알아보세요. 직접 만나기 어렵다면, 그 사람의 강의를 듣거나 합격 수기를 읽어보세요.

다만 모든 방법을 그대로 따라 할 필요는 없습니다. 나에게 맞는 것과 맞지 않는 것이 있으니, 한번 시도해 보고 나에게 맞는 방법은 빨리 적용하고, 맞지 않는 방법은 버리세요. 이렇게 효율적으로 공부해야 빨리 합격에 가까워질 수 있습니다.

★ 공부할 수밖에 없는 환경과 시스템을 만들자

공부의 집중을 방해하는 요소들은 다양하고 강력합니다. 스마트폰 알림, 영상 하나가 집중력을 깨뜨립니다. 한 번 집중력이 깨지면, 다시 집중하기까지 20~30분이 걸린다고 합니다.

따라서 집중을 유지할 수 있는 환경을 만드는 것이 중요합니다. 공부하는 곳에는 핸드폰, TV 등을 두지 마세요. 친구들과의 연락도 줄이고, 공부를 방해할 만한 것들을 모두 치우세요.

저는 공부할 때 휴대폰을 옆방에 두거나 상자 속에 두어 휴대폰을 보기 어렵게 만들었습니다. 이렇게 공부에 집중할 수 있는 환경을 만드는 것이 중요합니다.

★ 공부 도구에 투자하라

시험을 볼 때 사용하는 필기구나 노트북은 단지 소모품이 아니라 여러분의 무기입니다. 전쟁에서 무기가 중요하듯, 시험에서도 이런 도구들이 중요합니다.

저는 시험 준비할 때 필기구에 신경을 많이 썼습니다. 자신에게 맞는 공부 도구에는 돈을 아끼지 말고 과감히 투자하세요. 본인에게 맞는 좋은 펜이나 노트북을 구입하세요. 비싸더라도 합격을 위한 투자라고 생각하면 됩니다. 시험장에서 최적의 조건에서 시험을 볼 수 있도록 준비해야 합니다. 그리고 좋은 도구를 사용하면 공부하는 재미도 더해집니다.

쓰디쓴 실패를
달콤한 합격으로

'지금 포기하면, 그들이 웃는다.' 이 한 문장이 저를 수험생활 동안 책상 앞에 앉게 만들었습니다. 1999년부터 2002년까지 한국 사법시험에 도전했던 3년, 그리고 2023년부터 2024년까지 미국 캘리포니아 변호사 시험에 도전했던 2년, 두 시기의 공통점은 '와신상담의 굳은 의지와 각오로 끝까지 버티고 견디고 합격했다'는 것입니다.

와신상담(臥薪嘗膽)은 치욕을 잊지 않기 위해 일부러 불편함을 곁에 두고 스스로를 단련하는 태도를 가리킵니다. 오나라에 패한 월왕 구천이 땔나무 위에서 잠들고 쓸개를 맛보며 복수를 다짐했다는 고사에서 나온 말로, 고통을 회피하지 않고 목표를 향한 긴장으로 전환하는 결기를 상징하는 말이죠.

이 과정에서 발견한 '쓸개를 달콤하게 만드는 비법'이 바로 이 장의 핵심입니다. 왜냐하면 그 불편함이 곧 성공으로 가는 가장 확실한 지름길이기 때문입니다.

★ 1999년 겨울, 첫 번째 쓸개를 삼키다

처음 사법시험에 도전한 1999년, 명문대 법대생이라는 제 자부심은 하늘을 찌를 듯했습니다. 학부 시절 성적도 우수했고, 무엇보다 '나 정도면 1년이면 합격하겠지'라는 근거 없는 자신감이 가득했습니다. 하지만 첫 시험의 결과는 냉정했습니다. 불합격. 그것도 합격선에 한참 못 미치는 점수였습니다.

불합격 소식을 들은 그날 밤, 저는 신림동 고시촌에서 처음으로 진정한 '바닥'을 경험했습니다. 3평 남짓한 방에서, 형광등 불빛 아래 펼쳐진 불합격을 맛보며 저는 생애 처음으로 존재 자체를 부정당하는 느낌을 받았습니다. 명문대 명함도 자부심도 그 모든 것이 한순간에 무의미한 종잇조각이 되어버렸습니다.

그날 밤 저는 두 가지 선택지 앞에 서 있었습니다. 포기하고 다른 길을 찾거나, 아니면 이 굴욕을 품고 다시 시작해야 했습니다. 이후 3년간의 수험생활은 말 그대로 와신상담의 연속이었습니다. 새벽 5시에 일어나 밤 12시에 잠드는 생활을 반복했고, 기출문제집이 너덜너덜해질 때까지 풀고 또 풀었습니다. 손목이 아파 붓기가 올라와도, 허리가 아파 제대로 앉아 있기 힘들어도, 저는 멈추지 않았습니다. 왜냐하면 책상 위 종이에 적은 '불합격'이라는 단어가 저를 놓아주지 않았기 때문입니다.

★ 2002년 겨울, 합격의 달콤함을 맛보다

그리고 마침내 2002년 겨울, 합격자 발표가 있던 날, 저는 떨리는 손으로 전화기를 붙잡고 수험번호를 확인했습니다. 대기 시간은 5초 정도였지만 제게는 5시간과 같았습니다. 수화기 너머 기계음으로 "합격입니다"를 들은 그 순간의 감정을 어떻게 설명할 수 있을까요? 수년간 매일 씹어 삼켰던 쓰디쓴 쓸개가 순식간에 세상에서 가장 달콤한 맛으로 변하는 마법 같은 순간이었습니다. 합격 후 가장 먼저 책상 위의 '불합격' 종이를 떼어 냈습니다. 그리고 저는 모든 성공은 실패의 자식이며, 모든 달콤함은 쓴맛을 견딘 자에게만 주어지는 보상이라는 것을 알게 되었습니다.

★ 2023년, 40대 후반에 시작한 두 번째 와신상담

　20년이 지난 2023년, 저는 또 다른 도전을 시작했습니다. 미국 캘리포니아 변호사 시험이었습니다. 많은 이들이 의아해했습니다. 이미 한국에서 안정적으로 변호사 생활을 하고 있는데, 왜 굳이 50에 가까운 나이에 영어로 시험을 봐야 하는지 이해하지 못했습니다. 가족들조차 '그 나이에 무리하지 말라'고 만류했죠.

　하지만 저는 알고 있었습니다. 20년 전 신림동에서 느꼈던 그 뜨거운 열정이 언제부턴가 미지근해져 있다는 것을, 안정적인 생활 속에서 도전 정신을 잃어가고 있다는 것을 말이죠. 그래서 저는 다시 한번 스스로를 벼랑 끝으로 몰아붙이기로 했습니다. 새로운 쓸개가 필요했던 것입니다.

　미국 캘리포니아 변호사 시험은 미국 내에서도 어려운 시험으로 악명이 높습니다. 2일 동안 진행되는 마라톤 같은 시험이며, 특히 외국 출신자의 합격률은 20% 정도라는 보고도 있습니다. 게다가 저는 50대의 나이에, 영어가 모국어가 아닌 상황에서 도전해야 했습니다. 객관적으로 보면 무모한 도전이었습니다.

　낮에는 한국에서 변호사 업무를 수행하고, 밤에는 미국법을 공부하는 이중생활이 시작되었습니다. 밤 늦게까지 영어로 된 판례를 읽다가 아침 여섯 시에 일어나 법원에 가는 날들이 이어졌습니다. 체력적으로 한계가 왔습니다. 눈은 침침해지고, 집중력은 떨어지고, 기억력도 예전 같지 않았습니다. '이 나이에 뭐 하는 짓인가' 하는 자괴감이 들 때도 많았습니다.

그럴 때마다 저는 20년 전 그 불합격 글자를 적은 종이를 떠올렸습니다. 그리고 새로운 쏠개를 만들었습니다. 바로 '나이 탓'이라는 변명이었습니다. 저는 매일 아침 거울을 보며 스스로에게 말했습니다. '50대가 20대를 이길 수 없다고? 외국인이 캘리포니아 변호사 시험에 합격하기 어렵다고? 두고 보자.' 이 오기가 저를 다시 책상 앞에 앉게 만들었습니다.

★ 불합격이라는 단어 앞에 선 당신에게

'불합격' 이 세 글자를 마주한 순간의 그 먹먹함을 저는 아직도 생생히 기억합니다. 마치 세상의 모든 소리가 사라지고, 시간이 멈춘 듯한 그 순간. 긴 시간 동안 하루도 빠짐없이 책상 앞에 앉아 있었던 제게 돌아온 것은 차가운 세 글자뿐이었습니다. 그날 밤, 저는 잠들 수 없었습니다. 아니, 정확히는 잠들고 싶지 않았습니다. 잠들면 내일이 오고, 내일이 오면 다시 현실을 마주해야 했으니까요.

하지만 이것만은 꼭 말씀드리고 싶습니다. 떨어져도 괜찮습니다. 지금은 공허한 위로처럼 들릴 수 있겠지만 이것은 단순한 위로가 아니라, 두 번의 사법시험 불합격을 경험하고도 결국 변호사가 된 제가 20년의 시간을 돌아보며 깨달은 진실입니다.

불합격은 분명 아픕니다. 가족과 친구들의 기대를 저버린 것 같아 미안하고, 남들은 다 하는데 나만 못하는 것 같아 자존심이 상하며, 앞날이 막막해 두렵기도 합니다. 저도 그랬습니다. 첫 번째 불합격 때는 일주일 동안 방에서 나오지 못했고, 두 번째 불합격 때는 진지하게 포기할까 고민했습니다. 그런데 지금 돌이켜보면 그 실패들이 오히려 저를 더 나은 법조인으로 만들어주었습니다. 중요한 것은 그 자리에서 멈추고 포기하느냐, 아니면 다시 일어서느냐 하는 것입니다.

★ 실패와 성공 사이에서 배운 진실

'눈물 젖은 빵을 먹어보지 않은 사람과 인생을 논하지 말라.' 이는 괴테의 시에서 유래한 말로, 쓴맛을 본 적 없는 사람은 삶의 단맛을 모른다는 의미를 담고 있습니다. 시험 준비와 공부의 여정에서 이 말이 얼마나 깊은 진실을 담고 있는지, 저는 몸소 체험했습니다.

실패 없는 성공은 없습니다. 또한 실패를 해본 사람만이 진정한 성공의 기쁨도 알고, 더 성숙한 사람이 됩니다. 빠르게 성공한 어떤 사람들은 '내 인생에 실패는 없다'고 말하기도 합니다. 물론 그 사람이 정말 천재일 수도 있고, 시험에도 한 번에 통과하고 사회적으로 실패 없이 계속 승승장구할 수도 있습니다. 그런데 그런 사람들이 반드시 인격적으로 성숙한가 하면 그렇지는 않은 것 같습니다.

어려움을 겪어본 사람만이 진정한 삶의 기쁨과 성취를 더 깊이 느낄 수 있습니다. 실패와 어려움을 겪어본 사람들이 더욱 성숙하고 깊은 인생관을 가지게 됩니다. 시험에서도 마찬가지입니다. 몇 번 실패를 경험한 사람들은 탄탄한 실력을 갖춘 채 합격하고, 변호사가 된 후에도 더 나은 변호사로 활동할 수 있다고 생각합니다. 그만큼 성숙하고 깊이가 있기 때문입니다.

순공 시간을 늘리는
24시간 공부법

순공 시간을 늘리는 24시간 공부법

24시간 공부법의 비밀
: 하루를 두 번 사는 사람들

★ 불공평한 세상에 공평한 단 하나

세상은 불공평하다고 합니다. 누군가는 금수저를 물고 태어나고, 누군가는 흙수저로 출발합니다. 어떤 사람은 최고의 교육 환경에서 자라고, 어떤 사람은 열악한 조건 속에서 공부를 시작합니다. 재산도, 환경도, 심지어 타고난 재능마저도 공평하지 않습니다. 이 현실을 부정할 수는 없습니다. 하지만 단 하나, 누구에게나 예외 없이 공평하게 주어지는 것이 있습니다. 바로 시간입니다. 부자든 가난한 사람이든, 특별한 재능을 가진 사람이든 평범한 사람이든, 하루는 모두에게 똑같이 24시간입니다. 1년은 누구에게나 365일입니다. 그 누구도 하루를 25시간으로 늘릴 수는 없습니다. 이 사실이 중요한 이유는 분명합니다. 출발선은 다를 수 있어도, 시간을 어떻게 사용하느냐에 따라 도착 지점은 달라질 수 있기 때문입니다. 바꿀 수 없는 조건에 시선을 빼앗기기보다, 지금 내게 주어진 시간을 어떻게 쌓아 갈 것인지에 집중하는 순간, 비로소 선택의 여지가 생깁니다. '합격하는 공부'란 결국 시간을 쌓는 일입니다. 하루하루의 시간들 속에서 작은 노력이 모여 합격이라는 결과를 결정합니다.

★ 24시간 활용으로 얻은 세 가지 교훈

저는 시간을 어떻게든 다르게 사용해 보기로 결심했습니다. 남들이 10시간 공부할 때 저는 24시간을 공부로 채웠습니다. 그것이 제가 가진 유일한 무기였으니까요.

시간은 우리가 스스로 길을 만들고 개척할 수 있는 유일한 영역입니다. 부모님이 물려주신 환경은 바꿀 수 없지만, 오늘 내 시간을 어떻게 쓸지는 온전히 내 결정에 달려 있습니다. 그래서 시간은 희망입니다. 가진 것이 없는 사람에게도, 재능이 부족한 사람에게도, 환경이 열악한 사람에게도 똑같이 주어지는 기회입니다.

여러분의 24시간은 다른 누구의 24시간보다 모자라지 않습니다. 단지 사용법이 다를 뿐입니다. 많은 분들이 그 사용법을 궁금해하면서 이렇게 묻습니다. "정말 효과가 있었나요?" 네, 효과가 있었습니다. 저는 한국에서 가장 어렵다는 사법시험에서 시간을 잘 활용하여 마침내 합격했고, 이후 미국에서도 합격하기 어렵다는 캘리포니아 변호사 시험도 같은 방법으로 준비해서 합격했습니다. 하지만 더 중요한 것은 점수나 합격이 아니라, 이 과정에서 얻은 세 가지 깨달음입니다.

첫째, 시간에 대한 새로운 관점을 갖게 되었습니다. 이제는 "시간이 없다"는 말을 하지 않습니다. 대신 '우선순위가 다르다'고 생각합니다.

둘째, 극도의 집중력을 기를 수 있었습니다. 저는 공부 시간을 확보하기 위해 제가 직접 녹음한 강의를 3배속으로 듣곤 했습니다. 온 신경을 집중하여 듣는 과정에서 집중력을 키울 수 있었고 이는 변호사가 된 지금도 저의 큰 자산입니다.

셋째, 자신감을 얻었습니다. 하루 24시간을 공부에 바쳐보는 경험은 어떤 어려움도 극복할 수 있다는 자신감을 줍니다.

★

"그렇게까지 해야 하나요?"라는
질문에 대한 답

제가 모 방송에 출연했을 때의 일입니다.

"변호사님, 잠잘 때도 공부하셨다는 게 사실인가요?"

진행자의 질문에 사람들이 술렁거렸습니다. 저는 담담히 답했습니다.

"네, 사실입니다. 사법시험을 준비하던 3년간, 저는 잠자는 시간까지 활용해서 공부했습니다. 잠들기 직전에도, 수면 중에도 녹음된 강의를 들었죠."

그로부터 몇 년 후, 다른 방송에서도 비슷한 질문을 받았습니다. 출연자가 믿기 어렵다는 표정으로 물었습니다.

"아니, 그럼 하루 24시간을 다 공부한 거예요? 밥 먹을 때도요?"
"네, 밥 먹을 때도 강의를 이어폰으로 들었습니다. 화장실에 갈 때도, 운동할 때도 마찬가지였고요."

다른 출연자가 혀를 내두르며 말했습니다. "그거 미친 짓 아니에요?" 네, 어떻게 보면 미친 짓이었습니다. 하지만 합격을 절실하게 원하는 마음이 그러한 행동을 하게 만들었습니다.

하지만 먼저 분명히 말씀드립니다. 절대로 모든 사람에게 24시간 공부를 권하지 않습니다. 이것은 평범한 한 수험생이 극한의 상황에서 선택한, 지극히 개인적인 경험담입니다. 여러분은 자신의 건강과 상황에 맞게 적용하시기 바랍니다.

공부할 시간이 없다는 건 핑계, 직장인 공부법

★ 직장인 VS 전업 수험생

많은 직장인들이 시험이나 자격증을 준비할 때 가장 먼저 걱정합니다.

"전업 수험생은 하루 종일 공부하는데, 나는 몇 시간밖에 공부할 수 없으니 경쟁에서 밀리지 않을까?"

하지만 실제로는 전혀 그렇지 않습니다. 직장인에게는 오히려 분명한 장점이 있습니다. 시간이 한정되어 있기 때문에 효율적으로 공부해야 하고, 규칙적인 생활 속에서 쌓인 집중력과 인내심은 학습에 큰 도움이 됩니다. 결국 합격은 단순히 책상 앞에 있는 시간이 아니라 얼마나 집중적, 효과적, 전략적으로 공부했는가에 따라 결정됩니다.

★ 직장인의 강점은 한정된 시간에 집중하는 능력입니다

전업 수험생은 시간이 많다는 장점이 있지만, 그만큼 쉽게 나태해질 위험도 안고 있습니다. 하루 종일 공부해야 한다는 압박감이 오히려 스트레스로 이어지고, 긴 시간 동안 집중력을 유지하는 일은 생각보다 쉽지 않습니다.

반면 직장인은 사용할 수 있는 시간이 분명히 제한되어 있습니다. 퇴근 후의 몇 시간, 주말의 일부 시간처럼 정해진 틀 안에서 공부해야 하기 때문에, 자연스럽게 집중의 밀도가 높아집니다. 짧은 시간이라도 방해 요소를 줄이고 온전히 몰입할 수 있다면, 그 효율은 예상보다 훨씬 커질 수 있습니다.

저 역시 변호사가 된 이후 직장 생활을 하면서 미국변호사 시험을 준비할 때는 퇴근 후와 주말을 활용해 보다 압축적이고 집중적인 공부를 할 수 있었습니다. 시간은 줄었지만, 오히려 공부의 질은 높아졌습니다.

직장인의 공부는 시간을 많이 확보하는 싸움이 아니라, '주어진 시간을 어떻게 집중해서 잘 활용하느냐'의 문제입니다. 한정된 시간을 전제로 집중의 구조를 만들 수 있다면, 직장인이라는 조건은 약점이 아니라 분명한 강점이 될 수 있습니다.

★ 직장에 공부 사실을 알리자

많은 직장인들이 직장에 공부를 한다고 말해야 할지 고민합니다. 회사의 이해와 무관한 자격증이라면 굳이 알릴 필요는 없지만, 직장에서 반대하지 않는 분야라면 알리는 편이 좋습니다. 그 이유는 세 가지입니다.

첫째, 교육비, 학습 시간 배려 등 회사의 지원을 받을 수 있습니다.

둘째, 공개적으로 알림으로써 스스로 공부를 해야 한다는 책임감을 좀 더 가지게 됩니다.

셋째, 자격증을 취득한 후 회사 업무에 활용할 수도 있습니다. 단, 자격증을 취득하자마자 퇴사하는 것은 신뢰에 영향을 미칠 수 있으므로 신중히 결정하셔야 합니다.

가족에게는 반드시 알리자

가족의 이해와 응원은 오래 공부하기 위해 꼭 필요합니다. 장기간 준비가 필요한 시험을 가족에게 알리지 않고 공부하기는 현실적으로 어렵습니다. 나중에 알게 되면 오히려 실망과 불신을 낳을 수 있습니다.

저 역시 사법시험을 준비할 당시 처음에는 가족의 반대와 걱정이 많았습니다. 그러나 꾸준히 노력하고 성과를 보여주자 가족의 태도는 완전히 바뀌었습니다. 이후 가족의 응원은 합격의 가장 큰 힘이 되었습니다. 20년 뒤 제가 미국변호사 시험을 준비한다고 했을 때는 가족들 중 누구도 반대하지 않았으며 저를 믿고 적극적으로 응원해 주었습니다. 가족의 응원은 수험생에게 무엇보다 큰 힘이 됩니다. "당신을 믿는다"는 짧은 한마디가 흔들리는 마음을 붙잡아줍니다.

가족이 해줄 수 있는 일은 생각보다 많습니다. 일정 조율을 통해 공부 시간을 확보해 주고, 공부 공간을 마련해 주는 등의 현실적인 지원이 큰 도움이 됩니다.

★ 공부와 합격 앞에서, 나이는 숫자에 불과합니다

공부와 합격에는 나이가 결정적인 기준이 되지 않습니다. 나이와 관계없이 누구나 새롭게 배우고 도전할 수 있으며, 오히려 삶의 경험과 축적된 판단력이 쌓인 성인일수록 공부의 깊이는 더해질 수 있습니다.

저 역시 그 사실을 직접 경험했습니다. 저는 50대에 미국변호사 시험, 그중에서도 미국의 20~30대 젊은 수재들조차 합격하기 어렵다고 알려진 캘리포니아 변호사 시험(California Bar Exam)에 합격했습니다. 결코 쉬운 도전은 아니었고, 체력과 시간 면에서 유리한 조건도 아니었습니다. 그럼에도 불구하고 합격할 수 있었던 이유는 목표를 명확히 세우고 그에 맞는 방법으로 꾸준히 실행했기 때문입니다. 중요한 것은 언제 시작하느냐가 아니라, 어떻게 준비하느냐입니다. 명확한 방향을 세우고 하루하루 실천을 이어간다면, 늦었다고 느끼는 시점조차 새로운 출발선이 될 수 있습니다.

그동안 살아온 경험은 공부의 걸림돌이 아니라, 오히려 흔들리지 않는 기준이 되어줍니다. 합격을 위한 공부는 단순히 지식을 암기하는 것에서 그치지 않고 선택과 이해의 과정을 동반해야 합니다. 그 과정에서 쌓아온 삶의 경험은 집중력을 높이고, 포기하지 않게 만드는 힘이 됩니다. 오늘 한 걸음을 내딛는다면,

그 한 걸음은 단순한 시작이 아니라 인생의 새로운 장을 여는 계기가 될 것입니다. 공부와 합격 앞에서, 나이는 더 이상 한계가 아닙니다.

실전, 24시간 공부법

사법시험을 준비하던 시절, 저는 스스로 개발한 '24시간 공부법'을 실천했습니다. 이 말을 들은 사람들은 하나같이 "그게 무슨 말도 안 되는 소리냐?"고 반문했습니다. 그러나 허풍도 과장도 아닙니다. 제가 몸으로 살아낸 간절하고도 처절한 수험의 현실이었습니다.

하루의 시작은 곧 공부의 시작이었습니다. 아침에 눈을 뜨는 순간부터 책을 펼쳤고, 책상 앞에서 법전과 판례만 바라보며 15시간을 앉아 있었습니다. 그러나 그것으로 끝나지 않았습니다. 책상에서 일어나는 순간조차 모두 공부의 연장이었습니다.

★ 하루의 시작 루틴

알람이 울리면 즉시 일어났습니다. 그리고 바로 이어폰을 꽂았습니다. 그리고 전날 밤 제 목소리로 녹음해 둔 핵심 암기 내용을 들으며 하루를 시작했습니다.

세수를 하고 양치질을 하는 동안에도 이어폰을 빼지 않았습니다. 욕실에는 방수 장치를 설치해 샤워하는 15분 동안에도 강의를 들을 수 있게 했습니다. 면도를 하거나 머리를 말리면서 그 내용을 암기했습니다.

아침 식사는 간단히 했습니다. 밥을 먹으면서도 이어폰으로 전날 공부한 내용을 복습했고, 씹는 동안에는 음식물을 소화하듯 공부한 내용을 머릿속으로 되새겼습니다. 처음에는 소화가 안 될 것 같았지만, 익숙해지니 오히려 식사 시간이 효율적인 복습 시간이 되었습니다.

★ 이동 시간은 압축 학습 시간

집에서 학교나 독서실 등 이동하는 시간 약 한두 시간은 저에게 황금 같은 시간이었습니다. 저는 지하철이나 버스 안에서 3배속으로 강의를 들었습니다.

3배속이라고 하면 많은 분들이 놀라시는데, 처음부터 가능했던 것은 아닙니다. 1.5배속부터 시작해서 2배속, 2.5배속으로 점차 높여갔고, 한 달 정도 지나니 3배속도 충분히 알아들을 수 있게 되었습니다.

물론 모든 내용을 3배속으로 듣지는 않았습니다. 처음 배우는 어려운 개념은 정상 속도나 2배속으로, 복습이나 암기 위주의 내용은 3배속으로 들었습니다. 이렇게 하니 왕복 2시간 동안 실제로는 6시간 분량의 강의를 소화할 수 있었습니다.

★ 식사 시간의 재발견 : 학습 시간으로 연장

저는 식사 시간 역시 공부의 흐름 안에 포함시켜 활용했습니다. 식사 시간을 별도의 휴식이나 공백으로 두기보다, 공부한 내용을 정리하고 머릿속에 다시 한번 각인시키는 시간으로 활용했습니다. 식사를 하면서도 완전히 공부를 멈추지는 않았습니다. 식사하면서 강의 테이프나 그동안 공부한 내용을 정리해 둔 학습 녹음 파일을 들으며 식사했습니다.

저만의 식사 시간 학습 방식도 있었습니다. 밥을 한 숟가락 떠서 씹는 동안 특정 학습 주제 하나를 떠올렸습니다. 방금 듣거나 본 강의의 핵심 쟁점 하나, 혹은 아침에 정리한 문제 한 문항을 머릿속에서 되짚어 보았습니다. 마치 음식이 몸속에서 소화되듯, 공부한 내용도 그 시간에 함께 소화시키는 느낌이었습니다.

이렇게 제게 식사 시간은 단순히 영양분을 섭취하는 시간이 아니라, 공부한 내용을 머릿속에서 정리하고 의미를 곱씹는 소중한 시간이었습니다. 따로 책을 펴지 않아도, 이미 공부한 내용을 떠올리는 것만으로도 학습은 충분히 이어질 수 있었습니다.

돌이켜 보면, 이 식사 시간의 활용은 공부 시간을 억지로 늘린 것이 아니라, 하루의 흐름 속에 공부를 자연스럽게 스며들게 만든 방법이었습니다. 다만 이때 건강에 유의해야 합니다. 소화에 방해가 되는 독서나 무리한 학습은 피하고 가볍고 재미있는 내용의 학습파일을 듣거나 영상을 보면서 즐거운 마음으로 식사해야 합니다. 수험생활에서 가장 중요한 것은 건강한 몸과 마음입니다.

★ 자투리 시간의 보물찾기

하루를 세밀하게 관찰해 보니 놀랍도록 많은 자투리 시간이 있었습니다. 화장실에 가는 시간도 낭비하고 싶지 않았습니다. 저는 화장실 벽에 암기해야 할 내용을 늘 붙여놓았습니다.

운동 시간도 마찬가지였습니다. 러닝을 하거나 자전거를 탈

때는 항상 귀에 이어폰을 꽂고 강의를 들었습니다. 운동하면서 공부하니 뇌에 산소 공급이 잘 되어서인지 암기가 더 잘 되는 느낌이었습니다.

심지어 병원에서 대기하는 시간, 은행에서 줄 서는 시간도 모두 공부 시간으로 바꿨습니다. 항상 주머니에 암기 카드를 넣고 다니거나, 스마트폰에 PDF, 녹음, 사진, 영상 등 각종 학습 관련 자료를 저장해 두고 틈날 때마다 봤습니다.

★ 24시간 공부법의 핵심
: 수면 학습법

제가 사용했던 24시간 공부법 가운데, 가장 질문을 많이 받는 방법이 바로 '수면 학습법'입니다. 잠을 자면서 공부를 한다는 말이 쉽게 받아들여지지 않는 것도 사실입니다. 저 역시 처음부터 확신을 갖고 시작한 것은 아니었습니다. 다만 시간이 절대적으로 부족했던 상황에서, 작은 가능성이라도 확인해 보고자 실험적인 시도로 접근했습니다.

1. 잠자리에 들기 전, 카세트나 휴대폰을 준비합니다. 낮에 공부했던 내용 중 핵심만 간단히 녹음해 두거나, 이전에 녹음했던 학

처음 며칠은 익숙하지 않아 오히려 잠들기 어려웠습니다. 그러나 일정 시간이 지나자 소리에 점차 적응하게 되었고, 수면 자체에 큰 방해가 되지 않는 수준까지 조절할 수 있었습니다. 나중에는 오히려 학습 파일을 듣지 않으면 잠이 잘 오지 않을 정도로 학습 파일 청취가 수면에 도움이 되었습니다. 이 방법을 통해 새로운 내용을 학습하기보다는, 이미 공부한 내용을 반복적으로 노출시키는 데 목적을 두었습니다.

이 방법은 잠자기 전에 TV나 스마프폰, 잡생각 등으로 학습을 방해하는 습관을 역이용하는 것입니다. 수면 직전까지 마지막 인지 활동을 학습으로 채워 학습 효율을 극대화하는 것이 핵심입니다. 다만 수면의 질을 해치지 않도록 고려해야 합니다.

　이런 방법으로 수면 학습 공부를 하다 보니, 신기하면서도 인상적인 경험을 하게 되었습니다. 잠들어 있는 동안에도 낮에 고민하던 공부 내용이 꿈속에 자연스럽게 등장하곤 했습니다. 특히 잠들기 직전에 들었던 학습 파일의 내용이 꿈속에서 반복됩니다. 낮에는 막연하게만 느껴졌던 부분이, 꿈속에서는 이미지나 장면으로 바뀌어 나타나기도 했습니다. 가끔은 새벽에 잠깐 잠에서 깼을 때 침대 옆에 두었던 메모지에 간단하게라도 적어 두었습니다. 아침에 일어나 그 메모를 다시 읽어 보면 놀랄 때가 많았습니다. 낮에는 이해가 잘 되지 않던 개념이, 오히려 꿈과 새벽 사이의 몽롱한 상태에서 정리된 문장으로 남아 있는 경우도 있었기 때문입니다. 잠들기 전 들었던 학습 내용이 단순히 사라진 것이 아니라, 머릿속에서 한 번 더 반복되고 재구성된 결과처럼 느껴졌습니다.

　이 현상은 '잠든 뇌가 쉬기만 하는 것이 아니라, 낮에 입력된 정보를 정리하고 강화한다'는 수면 연구의 큰 흐름과 닿아 있습니다. 수면 중에는 낮에 형성된 기억이 뇌에서 재활성화되면서, 더 안정적으로 굳어지는 기억 공고화(Memory Consolidation) 과정이 일어난다고 알려져 있습니다

　제가 잠들기 직전에 들었던 학습 파일이 꿈속에서 반복되는

이유를 조심스럽게 추정해 보면, 잠들기 직전에 들은 음성 자체가 하나의 단서가 되어 그날 공부했던 기억의 조각들을 수면 중에 다시 불러오고, 꿈 안에서 '재편집' 되었을 가능성이 있습니다.

다만 저는 이 대목에서 한 가지를 분명히 해두고 싶습니다. 수면의 질을 해치면서까지 무엇인가를 '더 넣겠다'는 접근은 공부법으로서 오래 갈 수 없습니다. 수면은 기억을 정리하는 기반이며, 공부의 성과는 결국 충분하고 질 좋은 수면 위에서 더 안정적으로 쌓인다는 점이 여러 연구에서 반복해서 강조됩니다. 그러므로 '24시간 공부'라는 말에 끌려 무리하게 따라 하지 말고, 본인의 컨디션과 수면 상태를 기준으로 참고하시기 바랍니다.

★ 지속 가능한 공부법의 전제 조건

아무리 극적인 공부법이라도 의미를 가지려면 지속 가능해야 합니다. 며칠 해보다가 그만두는 방법은 결국 남는 것이 없습니다. 공부는 단기간의 이벤트가 아니라, 일정한 리듬으로 이어져야 성과로 연결됩니다.

지속 가능한 공부법의 가장 중요한 조건은 건강입니다. 아무리 효율적인 방법이라 해도 몸을 해치면 오래갈 수 없습니다. 집중력은 체력과 직결되고, 공부의 완성도 역시 몸 상태에 크게 좌

우됩니다. 그래서 저는 공부만큼이나 건강 관리에도 신경을 썼습니다. 주기적으로 건강 상태를 점검했고, 일상의 리듬이 무너지지 않도록 노력했습니다. 충분한 수면은 무엇보다 중요하고, 조금이라도 불편함이나 이상을 느낀다면 즉시 중단해야 합니다.

이 방법은 누구나 반드시 따라 해야 하는 공부법이 아닙니다. 수면의 질이 떨어지거나, 몸에 부담이 느껴진다면 이 방법은 시도하지 않는 것이 맞습니다. 공부를 위해 건강을 해쳐서는 결코 안 됩니다. 24시간 공부법은 잠을 줄이거나 무리하게 시간을 늘리라는 의미가 아닙니다. 하루의 생활 속에서 공부가 완전히 끊어지지 않도록, 각자의 상황과 컨디션에 맞게 선택하면 됩니다. 자신의 건강 상태를 기준으로 판단하는 것이 가장 중요합니다.

14

깨진 항아리 이론
: 불완전함을 인정하는 용기

★ 깨진 항아리 이론을 만나다

사법시험을 준비하던 중, 당시 학원가에서 형법 강의로 아주 유명한 신호진 선생님의 강의를 듣게 되었습니다. 그분은 단순히 법률 지식만 전달하는 것이 아니라 수험생활 전반에 대한 깊은 통찰을 가진 분이었는데, 어느 날 수업 중에 들려준 비유가 제 공부 철학을 바꿔놓았습니다.

"우리 머리를 항아리라고 생각해 보세요. 천재 같은 일부의 사람은 튼튼한 항아리를 가지고 있어서 한 번 부은 물이 오래 고여 있습니다. 하지만 대부분의 사람들은 밑이 깨진 항아리를 가지고 있어서 아무리 부어도 계속 새어 나가요. 그런데 만약 그 항아리에 물을 가득 채워야만 시험에 합격한다면, 깨진 항아리를 가진 사람은 어떻게 해야 합격할 수 있을까요?”

항아리에 금이 가 있다면, 물을 붓는 순간부터 조금씩 새어 나갑니다. 아무리 정성껏 물을 부어도, 빠져나가는 속도가 더 빠르다면 항아리는 끝내 가득 차지 않습니다.

공부도 마찬가지입니다. 우리가 배운 내용은 시간이 지나면서 자연스럽게 잊히고, 그 망각의 속도는 생각보다 빠릅니다. 그래서 합격을 위해서는 단순히 공부를 ‘하는 것’만으로는 충분하지 않습니다. **잊어버리는 양보다 더 많은 학습량을, 더 빠른 반복으로 채워 넣어야 비로소 항아리의 수위가 올라가고 시험 날 합격하는 것입니다.**

★ 물이 새는 속도를 파악하라

제가 ‘깨진 항아리 이론’을 실전에 적용하기 시작한 것은 사법시험 준비 2년차였습니다. 먼저 저는 ‘물이 새는 속도’를 정확히 파악하기로 했습니다. 공부한 내용을 하루가 지나면 얼마나 기억하는지, 3일 후에는 얼마나 남아있는지, 일주일 후에는 어떤지를 꼼꼼히 기록했습니다.

결과는 충격적이었습니다. 하루가 지나면 약 60%만 기억하고, 3일이 지나면 30%, 일주일이 지나면 겨우 10%만 머릿속에 남아 있었습니다. 반면 스터디 그룹의 한 동료는 일주일 후에도 70% 이상을 기억하고 있었죠. 이 차이를 보며 저는 한때 깊은 절망감에 빠졌습니다.

하지만 저는 여기서 포기하지 않았습니다. 오히려 이 데이터를 바탕으로 나만의 학습 전략을 세웠죠. 일주일 후 10%만 남는다면, 그 전에 다시 채워 넣자고 생각했습니다.

★ 간격 반복 학습법
: 항아리의 구멍을 막는 방법

깨진 항아리에서 물이 새는 것을 완전히 막을 수는 없지만 새는 속도를 현저히 늦출 수는 있습니다. 바로 체계적이고 과학적인 복습을 통해서입니다. 저는 '간격 반복 학습법(Spaced Repetition Learning)'을 활용했는데, 이는 망각곡선을 고려하여 최적의 시점에 복습하는 방법입니다.

구체적으로 실천한 복습 주기는 다음과 같았습니다. 학습 당일 저녁에는 그날 배운 전체 내용을 훑어보며 복습했고, 1일 후에는 핵심 내용 위주로 빠르게 복습했습니다. 3일 후에는 문제 풀이를 통해 응용력을 테스트하며 복습했고, 7일 후에는 스터디에서 일주일 동안 공부한 내용을 함께 토론하며 복습하고, 각자 정리한 요약 노트를 보며 전체 내용을 복습했습니다. 14일 후에는 특히 어려웠거나 자주 틀렸던 부분을 집중적으로 복습했고, 30일 후에는 모의고사를 본 뒤, 최종 점검 차원에서 전체를 다시 한 번 훑었습니다.

이런 주기적 복습을 통해 항아리의 구멍을 최대한 작게 만들 수 있었습니다. 특히 시험이 가까워질수록 복습 주기를 더욱 짧게 가져가면서 지식이 새어 나갈 틈을 주지 않았습니다. 시험 일주일 전부터는 매일 전 과목을 한 번씩 훑어보는 '초고속 회독'을 실시했고, 시험 전날에는 핵심 키워드와 공식만 빠르게 체크하는 방식으로 마지막 점검을 했습니다.

★ 평상시 VS 시험 직전

제 경험상 깨진 항아리를 채우는 전략은 시기에 따라 달라져야 합니다. 평상시와 시험 직전의 접근법은 확연히 다를 수밖에 없습니다. 평상시에는 항아리에 물을 절반이나 3분의 2 정도 유지하는 것으로 충분합니다. 이 시기는 기초를 다지고, 이해력을 높이며, 사고력을 기르는 데 집중해야 하는 시기입니다. 굳이 모든 것을 완벽하게 암기하려고 애쓸 필요가 없습니다. 오히려 개념을 정확히 이해하고 응용력을 기르는 것이 더 중요합니다.

특히 시험이 가까워질수록 이 원리는 더욱 분명해집니다. 새로운 내용을 조금씩 더하는 단계는 이미 지났고, 이제는 빠져나가는 것을 전제로 한 학습이 필요합니다. 반복과 재확인을 통해 새는 틈을 최소화하고, 같은 내용을 여러 번 덮어씌우듯 학습해야 합니다. 그래야 기억의 수위가 일정 수준 이상으로 유지됩니다.

결국 합격이란, 완벽하게 새지 않는 항아리를 만드는 일이 아니라, '새고 있는 항아리에 더 많이, 더 자주 물을 부을 수 있는 전략을 갖추는 일'입니다. 망각을 없애려 애쓰기보다, 망각을 감안한 속도와 엄청난 양으로 공부하는 것, 그것이 실전에 강한 합격하는 학습으로 이어집니다.

★ AI를 활용해 물 붓기

최근 저는 이 이론을 AI 시대에 맞게 진화시켰습니다. 챗GPT나 다양한 학습 앱들을 활용하여 반복 학습을 더욱 효율적

으로 만들었죠. 공부한 내용을 챗GPT에게 설명하고 피드백을
받거나, 앱을 통해 반복 학습 알고리즘을 만들어 암기에 활용하
고 있습니다.

기술이 아무리 발전해도 핵심은 변하지 않습니다. 자신의 한
계를 인정하고, 한계를 극복하기 위해 꾸준히 노력하는 것. 이것
이 바로 깨진 항아리 이론의 핵심입니다.

15

공부를 놀이처럼
: 작은 보상이 만든 큰 기적

★ 도서관에서 만난 스승

수험생활 3년째 되던 해였습니다. 그날도 여느 때처럼 도서 관 지하 열람실에서 책과 씨름하고 있었습니다. 형광펜으로 온 통 칠해진 책장을 넘기며 같은 내용을 수십 번째 읽고 있었지만, 머릿속에는 아무것도 남지 않는 느낌이었습니다. '이렇게 해서 과연 합격할 수 있을까?' 하는 절망감이 또다시 밀려왔습니다.

바로 그때, 옆자리에서 작은 환호성이 들렸습니다. 스무 살쯤 되어 보이는 대학생이 노트북을 보며 주먹을 불끈 쥐고 있었습니다. 무언가를 달성한 듯 아주 기뻐하는 모습이었죠.

그 순간, 머릿속을 스치고 지나간 생각이 있었습니다. '저 친구는 작은 성취에도 저렇게 기뻐하는데, 나는 하루 종일 공부해도 아무런 기쁨을 느끼지 못하는구나.'

왜 그럴까 곰곰이 생각해 보니 답은 의외로 간단했습니다. **우리가 무언가에 몰입하고 즐거워하는 이유는 바로 '즉각적인 피드백'과 '보상' 때문입니다.** 운동을 하면 땀이 나며 개운함을 느끼고, 요리를 하면 맛있는 음식을 먹을 수 있고, 악기를 연주하면 아름다운 소리를 들을 수 있습니다. 하지만 공부는 당장 눈에 보이는 결과가 없었습니다.

★ 작은 목표, 작은 보상의 마법

그때 저는 한 가지를 인정했습니다. 문제는 노력의 부족이 아니라, 공부를 계속하게 만드는 동기부여가 부족하다는 것이었습니다. 그래서 공부 방식을 바꾸기로 결심했습니다. 거창한 계획은 세우지 않았습니다. 대신 아주 단순한 원칙 하나만 정했습니다. **'작은 목표를 세우고, 달성하면 작은 보상을 주자!'**

예를 들어 민법 교과서 50페이지를 읽으면 좋아하는 커피 한 잔을 마셨고, 형법 문제 30개를 풀면 산책을 나섰습니다. 헌법

조문 열 개를 외우면 가벼운 간식 하나를 먹었죠.

처음에는 사소해 보였지만, 이 방식은 공부를 '끝없는 부담'이 아니라 하루 안에 달성할 수 있는 목표로 바꾸어 주었습니다. 목표는 작았지만, 매일 달성할 수 있었고, 그 작은 보상과 성취가 다음 공부로 자연스럽게 이어졌습니다.

★ 일상 속 작은 의식들

공부를 조금이라도 더 효과적으로 만들기 위해, 저는 여러 가지 작은 습관과 의식을 만들었습니다. 매일 아침 공부를 시작하기 전, 노트에 그날의 목표를 간단히 적었습니다. '오늘은 민법 50페이지를 끝낸다', '모의고사에서 80점 이상 받는다'처럼 구체적이고 측정 가능한 목표였습니다. 하루를 마칠 때는 그 목표를 달성했는지 스스로 점검하고, 짧게 소감을 적었습니다. 이렇게 하루의 시작과 끝을 정리하는 습관은 공부의 방향을 흐트러지지 않게 잡아 주었습니다.

시험이 가까워질수록 긴장과 스트레스는 커졌지만, 저는 오히려 보상의 기준을 명확히 했습니다. 모의고사에서 목표 점수를 달성하면 작은 보상을 주었습니다. 80점을 넘기면 평소 가고 싶던 식당에서 식사를 하고, 85점을 넘기면 주말에 짧은 휴식을 가지는 식이었습니다. 이런 적절한 보상과 휴식이 있었기에 오히려 집중력이 유지되고 장기간 수험생활을 버틸 수 있었습니다. 잘 설계된 보상이 있는 공부가 무조건 참는 공부보다 더 오래 지속 가능합니다.

생체리듬 최적화 학습법
: 나만의 리듬을 찾아라 

오랜 수험생활을 통해 깨달은 중요한 진실 하나는 '내 몸의 리듬을 이해하고 존중하는 것'이 학습 효율을 극대화하는 핵심이라는 것입니다. 한국 사법시험 3년, 미국변호사 시험 2년의 긴 여정을 거치며 수많은 시행착오를 겪었지만, 결국 제가 도달한 결론은 단순하면서도 명확했습니다. 우리 각자에게는 고유한 생체리듬이 있으며, 이를 학습에 적용했을 때 비로소 진정한 학습 효과를 얻을 수 있다는 것입니다.

처음 수험생으로서 공부를 시작했을 때, 저는 전형적인 저녁형 인간이었습니다. 밤늦게 책상에 앉아 공부하는 것이 당연하다고 생각했고, 실제로 밤늦은 시간대에 집중이 잘 되는 것 같았습니다. 하지만 이런 생활 패턴이 가져온 결과는 예상과 달랐습니다. 늦게 자고 늦게 일어나는 생활이 반복되면서 하루가 늦게 시작되는 느낌이었고, 다음 날 컨디션도 좋지 않았습니다.

아침형 인간이 되어야 하는 중요한 이유는 대부분의 시험이 아침 일찍 시작되기 때문입니다. 만약 평소에 늦게 자고 늦게 일어나는 생활에 익숙해져 있다면, 시험 당일 이른 시간에 일어났을 때 최상의 컨디션을 유지하기 어렵습니다. 이것은 단순히 잠이 덜 깬 상태의 문제가 아니라, 우리 몸의 생체리듬이 완전히 다르게 조정되어 있기 때문입니다.

그래서 저는 아침형 인간으로 완전히 전환하기로 결정했습니다. 일찍 자고 일찍 일어나는 생활로 바꿔 나갔습니다. 처음에는 새벽 5시에 일어나는 것이 무척 힘들었지만, 점차 익숙해지면서 놀라운 변화를 경험했습니다.

아침에 일찍 일어나니 하루가 길어졌습니다. 더 많은 시간을 확보할 수 있었을 뿐만 아니라 집중력도 훨씬 좋아졌습니다. 무엇보다 밤늦게 공부할 때 자주 시달렸던 각종 유혹들로부터 자유로워졌습니다. 밤에는 재미있는 영상을 보고 싶고, 야식도 먹고 싶고, SNS를 확인하고 싶은 유혹이 끊임없이 찾아옵니다. 하지만 새벽에 일찍 일어나면 이런 유혹들이 거의 없습니다.

지금까지 설명한 이론들을 실제로 적용하기 위해서는 먼저 자신만의 생체리듬을 정확히 파악하는 것이 중요합니다.

★ 맞춤형 학습리듬 설계

자신의 생체리듬을 파악했다면, 이를 바탕으로 맞춤형 학습 스케줄을 설계해 보세요. 컨디션이 가장 좋은 시간대에는 가장 어렵고 중요한 내용을 배치하고, 상대적으로 컨디션이 좋지 않은 시간대에는 복습이나 정리 작업을 배치하는 것이 효율적입니다.

예를 들어, 아침에 집중력이 가장 좋다면 새로운 개념 학습이나 고난도의 문제 풀이를 아침 시간에 배치하세요. 반대로 오후에 졸음이 온다면 이 시간에는 인강을 수강하거나 본인이 좋아하는 과목을 공부해 보세요. 저녁 시간에는 가벼운 복습이나 요약 정리 작업을 하면 좋습니다.

처음부터 완벽한 스케줄을 만들 수 없습니다. 개인의 생체리듬에 따라 완벽한 스케줄은 다르기 때문입니다. 또 1년 전에 맞았던 스케줄도 지금은 맞지 않을 수 있습니다. 그러니 일단 실행해 보고 지속적으로 수정하고 개선해 나가세요. 실제로 실행해 보면서 어떤 부분이 잘 작동하고 어떤 부분이 개선이 필요한지 파악하여 계속 조정해 나가세요.

생활 속 순공 시간 창조법

★ 1단계: 숨겨진 시간 발굴하기

우리의 하루를 정밀하게 분석해 보면 생각보다 많은 자투리 시간들이 숨어 있습니다.

새벽 시간의 재발견

저는 매일 새벽 5시에 일어나서 공부에 투자했습니다. 처음에는 정말 힘들었습니다. 특히 미국변호사 시험을 준비할 때는 늦은 나이에 새벽에 일어나 영어로 된 복잡한 법률 문서를 읽는 것이 쉽지 않았습니다. 하지만 2주 정도 지나니 자연스러운 리듬이 되었고, 한 달 후에는 이 시간이 하루 중 가장 집중력이 높은 황금 시간이라는 것을 깨달았습니다. 새벽 시간은 방해받을 일도 없고, 뇌도 가장 맑은 상태여서 어려운 내용도 술술 이해됐습니다.

출퇴근 시간의 완전 정복

한국 사법시험을 공부할 때는 집에서 학교 도서관이나 독서실까지, 미국변호사 시험을 공부할 때는 출퇴근 시간 왕복 약 한두 시간을 학습 시간으로 만들 수 있었습니다. 일주일로 계산하면 약 7시간에서 14시간, 한달이면 약 28시간에서 56시간의 추가 학습 시간이었죠.

출퇴근 시간에 눈으로 책을 보기는 어렵지만, 귀는 열려 있습니다. 이때 저는 귀로 하는 공부에 집중했습니다. 여기서 중요한 것은 무엇을 들어야 하느냐는 것입니다. 시중에 나와 있는 강의나 팟캐스트도 물론 좋지만, 공부한 내용을 자신의 목소리로 녹음해서 들으면 매우 효과적입니다. 물론 다른 강사가 강의한 것을 듣는 것도 좋지만, 자신이 직접 만든 것보다 좋은 자료는 세상에 없습니다.

처음에는 온라인 강의를 들었지만 강사의 속도가 너무 느렸고, 제가 원하는 부분만 골라 듣기도 어려웠습니다. 그래서 시작한 것이 바로 '셀프 녹음 학습법'이었습니다.

매일 밤 다음 날 출퇴근 시간에 들을 내용을 직접 녹음했습니다. 처음엔 어색했지만, 곧 엄청난 장점들을 발견했습니다.

첫째, 맞춤형 속도 조절이 가능했습니다. 어려운 부분은 천천히, 쉬운 부분은 빠르게 녹음했습니다. 특히 중요한 판례나 법조문은 세 번씩 반복해서 녹음했습니다.

둘째, 녹음 자체가 공부가 되었습니다. 녹음하려면 먼저 내용을 완벽히 이해해야 했습니다. 더듬거리면 다시 녹음해야 했기에, 자연스럽게 예습과 복습이 동시에 이뤄졌습니다.

셋째, 나만의 스토리텔링이 가능했습니다. "자, 이제 민법 제 103조를 외워보자. 이건 내가 3번이나 틀렸던 문제와 관련된 조문이야." 이런 식으로 개인적인 경험을 덧붙여 녹음하니 기억에 훨씬 잘 남았습니다.

한 손엔 숟가락, 한 손엔 스마트폰

직장인에게 점심 시간은 단순한 식사 시간이 아닙니다. 하루 중 유일하게 온전히 내 것인 시간입니다. 저는 이 소중한 시간을 어떻게 활용했을까요? 제 점심 도시락 옆에는 항상 카세트 테이프 혹은 스마트폰이 있었습니다. 학습 내용을 보거나 들으며 식사를 했죠.

샤워 시간: 사적인 공간에서의 학습

반신욕이나 샤워 시간도 학습에 활용할 수 있는 소중한 시간입니다. 흥미롭게도 샤워하면서 공부한 내용은 잘 잊히지 않습니다. 독특한 환경에서 독특한 방법으로 한 공부는 책상에서 공부하거나 도서관에서 공부한 것보다 오래 기억에 남습니다.

반신욕과 샤워를 하면서 효과적으로 공부하려면 몇 가지 도구를 활용해야 합니다.

첫째는 방수 메모지나 화이트보드를 활용하는 것입니다. 샤워 중에 떠오르는 아이디어나 중요한 포인트를 적어둘 수 있어서 유용합니다. 방수 화이트보드나 방수 노트 같은 제품은 샤워 중에도 사용이 가능합니다.

둘째는 오디오북이나 팟캐스트를 듣는 것입니다. 손을 쓰지 않고도 편하게 학습할 수 있습니다. 특히 반복해서 들어야 하는 내용을 습득하는 데 도움이 됩니다.

셋째는 스마트폰이나 태블릿에 학습용 앱을 설치해서 간단한 퀴즈나 복습을 하는 것입니다. 이렇게 짧은 시간도 꾸준히 활용하면 누적 학습량이 크게 늘어나게 됩니다. 이런 식으로 생활 속 자투리 시간을 활용하는 팁을 실제로 적용하면 일상에서 쉽게 학습량을 늘릴 수 있습니다.

자면서 공부하라

많은 사람들이 잠자리에 누워서 스마트폰을 보거나 그냥 멍하니 천장을 바라보며 시간을 보내는데, 저에게는 그 시간조차 너무나 소중했습니다.

잠자기 전 10분에서 30분, 때로는 불면증으로 인해 1시간 이상이 걸리는 경우도 있었는데, 이 시간이 너무나 아까웠습니다. 그래서 이 시간마저도 공부 시간으로 활용하기로 결심했습니다.

저는 카세트 테이프 혹은 스마트폰의 학습 내용을 들으면서 잠을 청했습니다. 단순히 듣기만 하는 것이 아니라 2배속, 3배속으로 재생하면서 말입니다. 처음에는 정말 힘들었습니다. 빠른 속도로 재생되는 목소리가 신경을 거슬리게 했고, 집중하기보다는 오히려 잠을 방해하는 것 같기도 했습니다. 하지만 놀랍게도 시간이 지나면서 익숙해지기 시작했습니다. 그리고 어느 순간부터는 그 빠른 속도에 집중할 수 있게 되었습니다. 놀랍게도 잠든 상태에서 뇌가 학습 내용을 처리하는 것을 체감할 수 있었습니다.

다만 주의할 것은 학습파일은 10분에서 30분 이내로 길이를 제한하고 볼륨도 최소 수준으로 조절했습니다. 그 이상 길게 듣거나 소리가 크면 수면을 방해할 수 있으므로 주의해야 합니다.

물론 이런 방법이 모든 사람에게 적합한 것은 아닙니다. 개인의 건강 상태와 수면 환경, 그리고 학습 스타일에 따라 다를 수 있기 때문입니다. 하지만 중요한 것은 학습에 대한 진정한 열정이 있다면, 우리는 기존의 관념을 뛰어넘어 새로운 방법을 시도해볼 수 있다는 것입니다.

저는 정말 열정적으로 공부했고, 어떤 상황에서도 학습의 기회를 놓치고 싶지 않았습니다. **이러한 태도가 학습에 대한 몰입도를 높였고, 결국 큰 성과로 이어질 수 있었다고 생각합니다.**

다시 한번 강조하지만 충분한 질 좋은 수면은 수험생활에 아주 중요합니다. 결코 수면을 포기하면서 공부하라는 것이 아니고 수면 직전과 수면 중에도 학습의 의지를 보여줄 수 있다는 하나의 예시입니다. 무작정 따라 하기보다는 본인의 건강 상태를 체크하고 건강을 유지하며 학습하는 것이 가장 중요합니다.

★ 2단계: 주말의 전략적 집중

직장인에게 주말은 전업 수험생의 평일입니다. 이 시간을 얼마나 효율적으로 활용하느냐에 따라 합격 여부가 결정됩니다.

토요일 - 집중 학습의 날

오전 8:00~12:00: 이론 학습

오후 2:00~6:00: 독학이나 스터디를 통한 기출 문제 풀이

총 8시간의 순수 학습 시간 확보

일요일 – 정리와 계획의 날

오전 9:00~12:00: 주간 학습 내용 종합 정리

오후 2:00~5:00: 다음 주 학습 계획 수립

오후 6:00~7:00: 전체 복습 및 점검

총 7시간의 정리 시간 확보

저는 이렇게 주말 15시간 + 평일 새벽시간 7.5시간 + 통근시간 활용 7시간 = 주당 약 30시간의 학습 시간을 확보할 수 있었습니다.

★ 3단계: 집중력의 과학적 극대화

같은 시간이라도 집중도에 따라 효과는 천차만별입니다. 직장인에게는 절대적인 시간이 부족하기 때문에 집중력을 극대화해야 합니다.

50분 집중 + 10분 휴식의 마법

저는 이탈리아의 프란체스코 시릴로(Francesco Cirillo)가 개발한 포모도로 기법(Pomodoro Technique)을 수정해서 활용했습니다. 원래 포모도로 기법은 25분 집중 + 5분 휴식을 권장하지만 저는 수험생의 경우 시험 시간을 고려해 학습에 집중하는 시간을 2배로 늘려야 한다고 생각했습니다. 그래서 집중적인 학습을 50분으로 수정했고 대신 휴식을 10분으로 설정했습니다. 수험생이라면 퇴근 후 피로한 상태에서도 50분 정도는 완전히 집중할 수 있어야 하기 때문에 직장인에게 매우 효과적입니다.

제가 이 이론을 적용한 초기에는 25분도 집중하기 어려웠습니다. 40대 후반의 나이에 새로운 언어로 복잡한 법률 개념을 이해해야 하는 상황에서는 더욱 그랬습니다. 하지만 점차 익숙해지면서 25분은 물론이고 50분 정도는 쉬지 않고 완전히 몰입할 수 있게 되었습니다.

10분 휴식 시간에는 화장실을 다녀오거나 창밖을 바라보거나 가볍게 목을 돌리며 공부한 내용을 상기했습니다. 모르는 부분은 돌아와서 공부한 이후 다시 50분을 집중해 다음 진도를 나가는 루틴으로 공부하면 놀라운 집중력과 학습효과를 유지할 수 있습니다.

뇌의 24시간 리듬과 최적 학습 전략

현대 뇌과학 연구 결과들은 제가 경험으로 터득한 공부법들을 과학적으로 뒷받침해 줍니다. 인간의 뇌는 하루 중 특정 시간대에 더 활발하게 작동하며, 이를 이해하고 활용하면 학습 효율을 극대화할 수 있습니다.

오전 6~10시: 가장 집중이 잘 되는 시간으로 어려운 내용, 논리적 사고와 문제 해결을 할 수 있는 시간대입니다.

오후 2~4시: 생체리듬상 집중력이 자연스럽게 떨어지는 시간이므로 인강을 수강하거나 본인이 좋아하는 과목을 공부하면 좋습니다.

오후 6~8시: 하루 공부한 내용을 기억하고 암기하는 것이 필요한 시간대이므로 이해한 내용을 암기하고 정리하는 것이 필요합니다.

오후 10시 이후: 뇌가 휴식하는 시간입니다. 낮에 학습한 정보를 정리하며 가벼운 복습이나 정리 작업을 하면 좋습니다.

독학과 강의의 균형
: 하이브리드 학습법

★ 강의 학습의 빛과 그림자

강의를 들으면 많은 장점이 있습니다. 경험 많은 강사들이 핵심 개념을 정리해 주고, 시험에 자주 출제되는 부분을 강조해 주기 때문에, 특히 초보 수험생에게 강의는 좋은 길잡이가 됩니다. 일정한 진도로 '공부의 리듬'이 생기고, 집중이 어려운 이들에게는 동기부여도 됩니다. 또 최신 사례나 개정 사항을 커리큘럼에 반영해 수험생이 스스로 챙기기 어려운 부분을 보완해 줍니다.

하지만 분명한 한계도 존재합니다. 수강료가 비싼 경우가 많고, 모든 학생이 동일한 속도로 따라가야 하기에 개인의 이해도나 진도에 맞추기 어렵습니다. 또 강사의 방식이 자신과 맞지 않을 경우 오히려 시간과 비용만 낭비하게 됩니다. 무엇보다 수동적으로 강의를 듣기만 한다면 스스로 사고하고 정리하는 능력이 떨어질 수 있습니다.

★ 독학의 고독한 여정

독학은 자기 주도적 학습의 전형입니다. 자신이 원하는 속도로 학습할 수 있고, 경제적 부담이 적으며, 개념을 스스로 분석하고 체화하는 과정에서 깊이 있는 이해가 가능합니다. 책이나 자료를 스스로 정리하고, 직접 문제를 풀며 시행착오를 겪는 과정 자체가 시험장에서의 문제 해결 능력을 키워주는 중요한 훈련이 됩니다. 특히 '왜?'라는 질문을 끊임없이 던지며 스스로 해답을 찾아가는 사고방식은 독학으로만 얻을 수 있는 귀중한 자산입니다.

하지만 독학은 결코 쉽지 않습니다. 혼자 해야 하기에 길을 잃기 쉽고, 방향을 잘못 잡으면 오랜 시간 노력하고도 좋은 결과를 얻지 못할 수 있습니다. 또한 최신 정보나 출제 트렌드, 과목별 중요도에 대한 감각이 부족해질 수 있고, 무엇보다 혼자서 공부를 지속하기 위해서 강한 자제력과 꾸준한 동기 유지가 필요합니다.

체계적인 시간 관리와 동기부여 시스템 구축

독학의 단점을 보완하기 위해서는 시간 관리 능력과 동기부여 시스템이 필요합니다. 외부의 강제력이 없기 때문에 스스로 시간표를 만들고 엄격하게 지켜야 합니다. 저는 하루를 네 개의 블록으로 나누어 관리했습니다. 오전 블록(6~12시), 오후 블록(1~6시), 저녁 블록(7~10시), 심야 블록(10~12시)으로 구분했습니다. 각 블록마다 다른 과목을 배치하고, 블록 사이에는 반드시 휴식 시간을 가졌습니다. 이를 통해 공부를 지속할 강제성과 함께 시간을 체계적으로 관리하는 습관을 키울 수 있었습니다. 또 저는 저만의 동기부여 시스템도 구축했습니다.

첫째, 작은 목표들을 설정하고 달성할 때마다 스스로에게 보상을 지급했습니다. 일주일 계획을 모두 달성하면 근사한 곳에서 외식을 했죠.

**둘째, 진도표를 만들어 시각적으로 성취감을 느낄 수 있도록

했습니다. 공부한 부분을 형광펜으로 칠하거나 별표를 하며 진도가 나가는 것을 눈으로 확인했습니다.

★ AI 시대의 독학 혁명

제가 미국변호사 시험을 준비하며 가장 놀랐던 것은 AI 기술의 발전이었습니다. 챗GPT와 같은 AI 도구들은 독학을 하는 이들에게 새로운 가능성을 열어주었죠. 저는 이해가 안 되는 개념이 있을 때마다 챗GPT에 질문했습니다. 마치 개인 과외 선생님을 둔 것처럼, 언제든지 질문하고 바로 답변을 받을 수 있었습니다. 복잡한 개념들도 이해하기 쉽게 풀어 설명해 주더군요.

또한 모의 문제를 만들라고 요청하거나, 내가 작성한 답안을 평가하라고 요청하기도 했습니다. 물론 아직 챗GPT의 성능이 완벽하지 않기에, 의심스러우면 두세 번 해당 정보를 점검해야 합니다. 하지만 적절하게 사용한다면 독학에 큰 도움이 될 수 있다는 것을 체험했기에 여러분에게도 강력히 추천합니다.

망각곡선을
이기는 반복 학습

★ 전략적 망각의 기술

독일의 심리학자 헤르만 에빙하우스(Hermann Ebbinghaus)의 망각곡선에 따르면, 사람은 학습 후 시간이 흐를수록 많은 학습 내용을 잊어버립니다. 이 연구 결과는 체계적인 반복 학습이 얼마나 중요한지를 보여줍니다.

그의 실험에 따르면 우리는 학습한 내용을 시간이 지남에 따라 급격히 잊는데 20분 후에는 42%, 1시간 후에는 56%, 하루 후에는 67%, 일주일 후에는 75%, 한 달 후에는 79%를 망각한

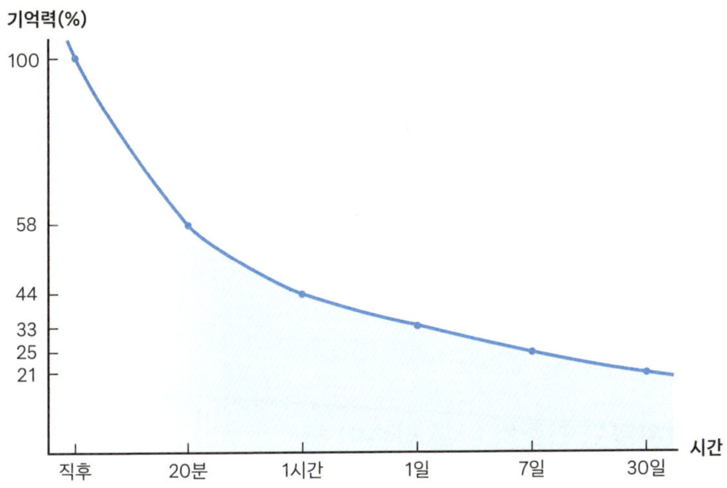

···▶ 헤르만 에빙하우스의 망각곡선

다고 합니다.

대부분의 사람들은 뒤에서 새로운 내용을 배우는 동안 앞에서 배운 내용이 밑 빠진 독의 물처럼 빠져나갑니다. 결국 같은 양을 채우기 위해 실제로는 두세 배 혹은 그 이상을 쏟아야 하는 비효율적인 상황이 발생합니다. 이것이 바로 많은 장수생들이 5년, 7년, 심지어 10년 이상 공부해도 합격하지 못하는 근본적인 이유입니다.

저는 이 망각곡선을 자세히 연구했습니다. 그리고 흥미로운 사실을 발견했죠. 반복 학습을 하면 망각의 속도가 현저히 느려진다는 것이었습니다. 첫 번째 복습 후에는 망각 속도가 절반으로 줄고, 두 번째 복습 후에는 또 절반으로 줄어들었습니다.

시간이 지나면서 저는 '전략적 망각'이라는 개념을 깨달았습니다. 모든 것을 완벽하게 기억하려고 하면 정작 중요한 것을 놓치게 됩니다. 그래서 중요도에 따라 구분하고 중요한 것에 집중하는 방법으로 공부 전략을 수정했습니다.

★ 실천하고 입증한 반복 학습의 힘

공부는 흔히 반복의 과정이라고 이야기합니다. 하지만 그 반복은 단순한 되풀이가 되어서는 안 됩니다. 반복을 할수록 점점 더 성장해야만 합격으로 다가갈 수 있습니다. 다음은 제가 실천한 반복의 예시입니다.

50분 공부 후 10분 복습

학습 당일 저녁 1차 복습 (학습 후 6~8시간 뒤)

3일 후 2차 복습 (기억이 완전히 사라지기 전)

1주일 후 스터디를 통한 3차 복습 (장기 기억을 도와주는 스터디)

1개월 후 4차 복습 (완전한 장기 기억으로 고착화)

시험 6개월 전 5차 복습

시험 5개월 전 6차 복습

실제로 저는 한국 사법시험과 미국변호사 시험을 위해 거의 모든 과목을 10회독 이상 했습니다. 처음에는 시간이 많이 걸렸지만, 반복할수록 시간이 단축되었고 시험 당일까지 기억을 최대한 유지할 수 있었습니다.

처음에는 이런 반복이 시간 낭비처럼 느껴졌습니다. 남들은 새로운 진도를 나가는데 저는 계속 복습만 하는 것 같았으니까요. 하지만 3개월이 지나자 놀라운 변화가 일어났습니다. 반복 학습한 내용들이 장기 기억으로 전환되기 시작한 것입니다.

★ 망각보다 빠르게 학습하기

공부에는 반드시 일정한 속도가 필요하며, 그 속도는 망각의 속도보다 빨라야 합니다. 너무 느리면 아무리 오래 공부해도 목표에 도달할 수 없다는 잔인한 진실 앞에서, 회독 속도를 과감하게 높이는 전략을 채택했습니다. 완벽하게 이해하지 못하더라도 일단 전체를 빠르게 훑고, 반복하는 방식으로 전환한 것입니다.

1회독 때는 전체 구조 파악에 2개월, 2회독 때는 주요 개념 이해에 1.5개월, 3회독 때는 세부 내용 숙지에 1개월, 그리고 4회독부터는 2~3주 단위로 빠르게 반복했습니다.

처음에는 불안했습니다. '이렇게 빠르게 읽어도 되나?'라는 의구심이 계속 들었습니다. 하지만 놀라운 일이 일어났습니다. 속도가 빨라지자 오히려 이해도가 높아지기 시작한 것입니다. **처음에는 이해가 안 되던 내용들이 반복하면서 자연스럽게 이해되기 시작했고, 전체적인 맥락 속에서 각 부분의 의미가 퍼즐처럼 맞춰지기 시작했습니다.** 무엇보다 중요한 것은 망각되기 전에 다시 복습하는 과정을 통해 지식이 누적되기 시작했다는 점입니다.

루틴을 깨는
바람둥이 학습법

★ 뇌가 사랑에 빠지는 변화의 마법

수험생활 시절 저는 매일 같은 독서실 같은 자리에 앉아 교과서와 씨름하고 있었습니다. 새벽 6시에 일어나 같은 시간에 같은 버스를 타고, 같은 자리에 앉아 같은 순서로 공부하는 일상이 2년째 계속되고 있었습니다. 그날도 여느 때처럼 책을 펼쳤지만, 이상하게도 글자들이 눈에 들어오지 않았습니다. 마치 오래된 연인과의 권태기처럼, 익숙함이 주는 안정감보다 지루함이 더 크게 느껴지는 순간이었습니다.

답답한 마음에 책을 챙겨 무작정 밖으로 나갔습니다. 처음 가본 동네 카페의 창가 자리에 앉아 커피를 마시며 다시 책을 펼쳤는데, 놀라운 일이 일어났습니다. 두 달 동안 여러 번을 읽어도 이해가 안 되던 부분이 마치 안개가 걷히듯 선명하게 이해되기 시작한 것입니다. 창밖으로 지나가는 사람들을 보며, 카페의 잔잔한 음악을 들으며, 향긋한 커피 향을 맡으며 공부하니 뇌가 완전히 새로워진 느낌이었습니다.

그 순간 우리의 뇌는 변화를 갈구한다는 것을 깨달았습니다. 마치 한 사람만 계속 만나면 설렘이 사라지듯, 같은 환경에서 같은 방식으로만 공부하면 뇌도 권태기에 빠집니다. 그래서 저는 이 학습법에 재미있는 이름을 붙였습니다. 바로 '바람둥이 학습법'입니다.

★ 바람둥이 학습법

제가 이 학습법을 '바람둥이'라고 부른 것은 단순한 농담이 아닙니다. 뇌과학적으로 살펴보면, 우리의 뇌는 새로운 자극을 받을 때 도파민이라는 신경 전달 물질을 분비합니다. 도파민은 우리가 연애 초기에 경험하는 설렘, 집중력, 기대감 등을 만들어 내는 중요한 물질입니다. 이러한 도파민을 공부에 적용해 본다면 어떨까요?

인지심리학에서는 공부하는 장소와 환경의 변화가 기억과 이해에 긍정적인 영향을 미친다는 연구 결과가 반복해서 보고되어 왔습니다. 일부 연구에서는 같은 장소에서만 공부한 집단보다 장소를 바꿔가며 학습한 집단이 기억의 지속성과 이해 수준에서 더 높은 성과를 보였다고 설명합니다.

우리의 뇌는 반복되는 자극에는 점점 둔감해지지만, 새로운 환경을 만날 때는 주의력이 높아지고 학습과 관련된 신경 활동이 더 활발해집니다. 이 과정에서 학습 효율과 집중력이 자연스럽게 상승합니다.

장소를 바꾸지 않더라도 책상을 돌려 앉거나 조명을 바꾸고, 노트를 쓰는 손의 위치를 바꾸는 작은 변화만으로도 뇌는 새로운 패턴을 감지합니다. 사법시험 준비 시절, 민법만 6개월 동안 파고들었던 적이 있었습니다. 처음 한두 달은 열정적으로 공부했지만 3개월째부터는 책을 펴기만 해도 하품이 나왔습니다. 매일 같은 음식만 먹으면 아무리 좋아하는 음식이라도 질리는 것처럼 뇌도 같은 자극에 계속 노출되면 둔감해집니다.

그래서 저는 실험을 시작했습니다. 하루에 여러 과목을 번갈아가며 공부했습니다. 아침에는 민법을 2시간, 점심에는 형법을 2시간, 저녁에는 헌법을 2시간 공부했습니다. 처음에는 집중력이 분산될까 걱정했지만, 오히려 각 과목을 시작할 때마다 머리가 리프레시되는 느낌이었습니다. 이처럼 과목 전환은 집중력을 회복시키는 장치로 작동할 수 있습니다. 공부가 막히는 순간일수록 더 오래 버티려 하기보다, 방식과 조건을 바꾸는 선택이 오히려 효율을 높여 줍니다.

★ 노마드 수험생의 탄생

저는 본격적으로 공간을 이동하며 '바람둥이 학습법'을 실천했습니다. 월요일은 도서관, 화요일은 카페, 수요일은 집, 목요일은 스터디카페, 금요일은 공원 벤치, 토요일은 스터디 멤버들과 스터디 카페에서, 일요일은 집에서, 이렇게 가끔씩 다른 장소에서 공부했습니다.

장소를 바꾸면서 공부하니 각 장소마다 특별한 기억이 생겼습니다. 도서관에서는 불법행위법을, 건물 3층 창가에서는 헌법을, 분위기 있는 카페에서는 사례나 판례를 주로 공부했습니다. 시험장에서 문제를 풀 때, 그 장소의 분위기와 함께 내용이 떠올라 훨씬 수월하게 답을 찾을 수 있었습니다.

제 스터디 동료들과도 이러한 방법을 함께 실천했습니다. 스터디 휴식 시간에 멤버들과 같이 근처 공원을 산책하면서 공부한 내용을 복습하고 서로 질문하고 답변했는데 책을 덮고 신선

한 공기를 마시며 머리속으로 공부한 내용을 상기하며 학습할
수 있어 좋았습니다.

★ 폴리아모리 공부법

현실에서 양다리는 절대 용납되지 않습니다. 누군가를 사랑
한다면 한 사람에게 책임과 애정을 다하는 것이 인간의 도리이
고 상식이며 무엇보다 존중의 문제입니다. 그러나 학습이라는
특수한 세계에 한정해서, 조금은 바람기 있는 '지적 양다리'를
권장합니다.

한 과목만 붙잡고 너무 오래 머물다 보면 뇌는 쉽게 지치고,
감정은 무뎌지며, 집중력은 천천히 소진됩니다. 그렇기 때문에
저는 과목마다 적당히 간격을 두고, 정기적으로 돌아보며 사랑
을 줬습니다. **말하자면, 여러 과목들과 다자 연애(Polyamory)를 선
택한 셈입니다.**

초기에는 저도 한 과목을 완전히 정복한 뒤 다음 과목으로 넘
어가는 고전적인 방식을 따랐습니다. 과목 하나에만 6개월을 쏟
아부었고, 그동안 구조도 잡고 사례도 정리하고 요약본도 만들
었습니다. 하지만 정작 시험이 가까워지자 처음 공부했던 개념
들이 망각곡선에 따라 제 머릿속에서 희미해졌습니다.

그래서 그때부터는 전략을 바꾸었습니다. 한 과목에만 몰입하는 대신, 하루에 3~4과목씩 공부하고, 일주일 안에 전 과목을 다루는 방식으로 루틴을 새로 구성했습니다. 월요일에는 민법, 민소법을 보고, 화요일에는 헌법, 형법, 형소법, 이런 방법으로 연관성 있는 과목을 함께 봤습니다.

이런 과목 순환 방식은 생각보다 훨씬 더 뇌 친화적이었습니다. 하루에 2시간마다 과목이 바뀌니 뇌는 매번 새로운 자극을 받았고, 단조로움에서 오는 피로감이 사라졌으며, 오히려 공부 자체가 살아 있는 활동처럼 느껴졌습니다. 게다가 잘 몰랐던 과목 간의 연결고리도 자연스럽게 보이기 시작했습니다. 하루에도 여러 과목을 넘나들다 보니 머릿속에서 스스로 조직화되기 시작했습니다.

결국 공부를 하는 데 있어 지루함은 덜고, 뇌는 덜 지치고, 집중력은 높아지는 효과가 있었습니다. 한 우물만 파는 공부에 지쳤다면 다자 연애 공부법을 시도해 보는 것은 어떨까요?

수면과 학습의 전략적 관계

★ 삼당사락의 진실

예전에 '삼당사락(三當四落)'이라는 말이 있었습니다. 고3 수험생들 사이에서 '하루 3시간만 자면 합격하고, 4시간 자면 불합격한다'는 의미로 사용되었던 말입니다. 제가 수험생이었을 때도 이런 극단적인 공부 문화 속에서 치열하게 경쟁했던 기억이 납니다. 하지만 3시간만 자고 나머지 시간을 모두 공부에 투자한다고 해서 효율이 높아지는 것은 아닙니다. 오히려 그 반대였죠.

　3시간만 자고 나머지 시간을 모두 공부에 투자한다는 것이 얼마나 비효율적인지, 수면 부족이 장기적으로 학습 능력에 얼마나 부정적인 영향을 미치는지 당시에는 잘 몰랐습니다.

　최근 연구 결과들은 대부분의 성인에게는 하루 7~8시간의 수면이 학습과 기억력 향상에 도움이 된다고 합니다. 수면이 부족하면 집중력과 문제 해결 능력이 떨어지고, 기억 형성에도 부정적인 영향을 미칩니다. 단순히 오래 자는 것보다 일정한 수면 패턴을 유지하는 것이 중요합니다. 규칙적인 수면 습관이 뇌의 학습 능력을 극대화하고, 장기적으로 더 좋은 결과를 가져옵니다.

★ 수면을 통한 기억 공고화

　수면이 학습에 중요한 이유는 단기 기억이 장기 기억으로 전환되는 '기억 공고화' 과정이 수면 중에 주로 일어나기 때문입니다. 이 과정을 과학적으로 살펴보면 매우 흥미롭습니다.

　수면 중, 특히 깊은 서파 수면과 렘수면 단계를 거치면서, 그날 입력된 정보들이 해마에서 대뇌피질로 이동해 안정적으로 저장됩니다. 이 과정에서 뇌는 중요한 정보와 덜 중요한 정보를 선별하고, 중요한 정보들을 더욱 강화시켜 장기 기억으로 전환합니다.

렘수면 단계에서는 뇌가 마치 깨어 있을 때처럼 활발하게 활동하면서 다양한 정보들을 연결하고 창의적으로 재구성합니다. 이렇게 수면 중에 일어나는 복잡한 신경 활동 덕분에, 깨어 있는 동안 학습한 내용이 수면 중에 단기 기억에서 장기 기억으로 전환됩니다.

저는 잠들기 전에 그날 공부한 중요한 개념이나 내용을 한 번 더 복습하는 습관을 들였습니다. 잠이 들기 직전에도 눈을 감고 학습 음성을 들으며 중요한 내용을 머릿속으로 되뇌곤 했습니다. 때로는 음성을 작게 해서 잠자는 동안에도 들었죠. 그러면 놀랍게도 수면 중 학습한 내용이 꿈에 나오는 경우가 있었고 다음 날 아침에 그 내용이 훨씬 선명하게 기억나기도 했습니다.

특히 앞서 설명한 수면 직전 학습은 깊은 수면을 방해할 수 있다는 우려도 있었지만 저에게는 효과적이었습니다. 무의식 상태에서도 그 정보가 뇌에 입력되어, 아침에 일어났을 때 더 친숙하게 느껴졌습니다.

★ 벼락치기의 함정

대학생이나 수험생들 사이에서 흔히 볼 수 있는 공부 방법이 바로 '벼락치기'입니다. 벼락치기는 시험 시간이 얼마 되지 않는 시험에서는 어느 정도 효과를 볼 수 있습니다. 시험 직전에 집중적으로 공부한 내용이 단기 기억에 남아 시험에 도움이 될 수 있죠. 하지만 시험이 하루에 끝나는 시험이 아니라 이틀 이상 보는 시험이라면 수면 부족으로 인해 그 다음 날 시험은 집중력, 기억력, 그리고 전반적인 컨디션이 떨어지게 되어 결국 시험에 불합격할 수 있습니다.

또한, 벼락치기는 장기 기억 형성에 도움이 되지 않기 때문에, 시험이 끝난 뒤에는 그 지식을 빠르게 잊어버릴 가능성이 높습니다. 이는 장기적으로 지식을 쌓고 응용하는 데 한계가 됩니다. 우리가 공부하는 이유가 단순히 시험만 잘 보기 위한 것이라면 벼락치기가 잠깐 도움이 될 수 있지만 실력이 있는 전문가가 되고 싶은 이들에겐 벼락치기를 추천하지 않습니다.

시험 전날에는 충분히 잠을 자야 합니다. 하지만 긴장해서 잠이 잘 안 올 수 있습니다. 잠을 못 자면 시험 당일 큰 타격을 입게 됩니다. 그래서 저는 시험 이틀 전 일부러 수면 시간을 조금 줄였습니다. 예를 들어, 평소 7시간 정도 잔다면 시험 이틀 전에는 수면 시간을 한 시간 정도 줄였습니다. 그리고 일부러 몸을 피곤하게 만든 것이죠. 시험 전날 잘 자려면 그 전날에 미리 피곤해야 합니다. 그래서 저는 시험 이틀 전에 수면 시간을 조금 줄이고 운동을 해서 몸을 최대한 피곤하게 만들었습니다. 그러면 시험 전날에는 공부만 가볍게 하고 정해진 시간에 잠을 잘 수 있었습니다. 시험 전날 긴장된 상태임에도 충분히 자게 되고, 상쾌한 기분으로 컨디션을 조절할 수 있게 됩니다.

★ 균형 잡힌 수면의 힘

효과적인 학습을 위해서는 균형 잡힌 수면 습관이 필수적입니다. 벼락치기로 인한 극단적인 수면 부족은 단기적으로는 효과가 있을 수 있지만, 장기적으로는 학습 효율과 건강 모두에 부정적인 영향을 미칩니다.

각자에게 맞는 수면 시간과 패턴을 찾고, 그에 맞춰 규칙적인 생체리듬을 유지하는 것이 중요합니다. 또한, 수면의 질을 높이기 위해서는 자기 전 블루라이트 노출을 줄이고 편안한 수면 환경을 조성해야 하며, 필요하다면 천연 수면 보조제를 활용하는 것도 도움이 될 수 있습니다.

★ 올빼미형 VS 종달새형

사람마다 생체리듬이 다르기 때문에, 학습에 가장 효율적인 시간대도 다릅니다. 흔히 '올빼미형'과 '종달새형'으로 나누어 부르는데 올빼미형은 밤에 활동적이고, 종달새형은 낮에 활동적인 유형을 말합니다.

어느 유형이 더 낫다고 단정짓기는 어렵습니다. 개인의 생활 패턴과 생산성 주기에 따라 다르기 때문입니다. 올빼미형이든 종달새형이든 각자 장점이 있으므로 본인의 리듬에 맞춰 공부하는 것이 가장 효율적입니다.

올빼미형의 장점은 밤 시간대의 조용한 환경에서 집중력이 높아질 수 있고, 창의적인 작업에 유리할 수 있다는 점입니다. 반면, 종달새형은 낮에 에너지가 넘치고, 일찍 시작하는 습관으로 규칙적인 생활 패턴을 유지하기 쉬운 장점이 있습니다.

저는 처음에는 올빼미형이었습니다. 밤늦게까지 공부하고 새벽 1~2시에 잠들곤 했죠. 하지만 나중에 이 패턴을 바꿔 종달새형으로 전환했습니다. 밤에 일찍 자면 새벽 5시나 6시에 일어나고, 밤에 늦게 자면 7시에 일어났습니다. 물론 밤에도 공부를 잘 할 수 있지만, 밤은 하루 중 가장 피곤한 시간입니다. 그 시간에 공부하면 뇌가 제대로 작동하지 않을 수 있습니다. 저는 아침 일찍 일어나서 상쾌한 마음과 새로운 기분으로 공부했습니다.

실제로 저와 스터디를 함께한 변호사는 매일 새벽 4시에 일어나서 공부한다고 합니다. 8시에 출근한다면, 약 4시간 동안 집중해서 공부할 수 있고, 그 시간대에 정말 집중이 잘 된다고 합니다.

종달새형의 또 다른 장점은 휴대폰이나 각종 SNS의 유혹에서 벗어날 수 있다는 것입니다. 새벽 4시에는 연락이 잘 오지 않기 때문에, 방해 없이 공부에만 집중할 수 있습니다. 밤늦게까지 공부하는 것보다는 새벽이나 아침 일찍 일어나 공부하는 것을 추천합니다.

단기 기억을
장기 기억으로 만드는
기적의 암기법

보고, 들고, 소리내고, 만지고, 느끼며 기억하는 감각 학습법

★ 청각 활용법

공부할 때 배경 소리로 백색소음을 추천하는 사람들도 많이 있습니다. 하지만 저는 백색소음보다 자연의 소리가 더 효과적이라고 생각합니다.

백색소음은 가전제품 소리 같이 일상 생활, 혹은 자연에서 들리는 소음입니다. 귀를 피곤하게 하거나 뇌를 피곤하게 하기 때문에 학습에 크게 도움이 되지 않죠. 그런데도 의외로 많은 사람들이 백색소음을 듣습니다. 왜 그럴까요?

백색소음에 관한 연구를 살펴보면 일정한 주파수의 소리가 주변의 불규칙한 소음을 가려주는 효과가 있어 집중에 도움이 된다고 합니다. 그러나 제 경험으로 비추어볼 때, 장시간 백색소음에 노출되면 오히려 뇌가 피로해지는 느낌이 들었습니다.

반면, 자연의 소리는 뇌를 편안하게 해줍니다. 편안함을 주고, 마치 숲속을 걷고 있는 듯한 기분이 들게 해줍니다. 실제로 새소리를 들으면 기분이 좋아지고 엔도르핀이 나온다고 합니다.

★ 소리 내어 공부하기

소리 내어 읽는 것도 학습에 도움이 될 수 있습니다. 저는 이 방법도 적극적으로 활용했습니다. 중요한 개념이나 이해하기 어려운 부분을 소리 내어 읽을 때 학습 효율이 크게 향상되는 것을 경험했습니다. 특히 외국어 학습에서는 이 방법이 발음과 청취 능력을 동시에 향상시키는 데 큰 도움이 되었습니다.

하지만 주의할 점이 있습니다. 소리를 내며 공부하는 데 익숙해지면 소리를 내지 않고는 집중할 수 없게 될 수도 있습니다. 계속 소리를 내야 하는 습관이 생기고, 결국에는 입으로 작은 소리를 내게 되는데, 이런 습관은 문제가 될 수 있습니다. 실제 시험장에서는 소리를 낼 수 없으니까요. 그때는 어떻게 해야 할까요?

이런 문제를 해결하기 위해서는 '소리 내어 읽는 연습'과 '머릿속으로 조용히 읽는 연습'을 함께 병행하는 것이 효과적입니다. 두 가지 방식을 모두 익혀 두면, 장소와 상황에 따라 보다 유연하게 공부할 수 있습니다. 심리학에서는 이를 '듀얼 코딩(Dual Coding)'이라고 부릅니다. 학습 정보를 시각적으로만 처리하는 것이 아니라, 소리와 언어, 이미지 등 여러 감각 경로로 함께 부호화하면 기억이 더 단단해진다는 이론입니다. 같은 내용을 눈으로 보고, 입으로 말하고, 귀로 다시 들으면 기억은 쉽게 사라지지 않습니다.

다만 시험이 가까워질수록 공부 방식에도 조정이 필요합니다. 처음에는 소리 내어 읽으며 이해와 기억을 충분히 다지고, 이후에는 점차 소리 내는 비중을 줄이면서 머릿속으로 읽는 연습을 늘려가는 방식이 좋습니다. 시험장에서는 소리를 낼 수 없기 때문입니다. 이렇게 단계적으로 전환해 나가면, 실제 시험 환경에서도 자연스럽게 집중할 수 있게 됩니다. 저 역시 시험 약 한 달 전부터는 의식적으로 소리 내어 읽는 연습을 줄이고, 내적 음성으로 빠르게 읽고 정리하는 연습에 집중했습니다. 그 덕분에 조용한 시험장에서도 흐트러지지 않고 집중력을 유지할 수 있었습니다.

★ 손으로 느끼는 지식이 오래 간다

우리가 공부할 때 가장 흔히 사용하는 촉각적 학습법은 바로 필기입니다. 키보드가 보편화된 시대에도 여전히 손으로 직접 글을 쓰는 것은 특별한 의미가 있습니다. 저는 이 방법에 깊이 매료되어 꾸준히 실천해 왔습니다.

저는 펜으로 노트에 직접 필기하며 공부하는 방식을 주로 활용했는데, 좋은 펜을 사서 필감을 느끼는 것을 좋아했습니다. 필감이 좋은 필기구를 사용하면 공부가 더 즐거워집니다. 시중에는 필감이 좋은 펜이 많습니다. 그 필감을 섬세한 촉각으로 느끼면서 공부한 내용을 노트에 적는 것입니다. 저는 특히 만년필을 사용해 필기하는 것을 좋아했습니다. 잉크가 종이에 스며드는 느낌과 부드러운 필감은 필기 자체를 즐거운 활동으로 만들어주었습니다.

손으로 직접 글씨를 쓰는 행위는 뇌를 더 활발하게 자극하고, 내용을 오래 기억하는 데 도움이 됩니다. 또한, 좋은 펜으로 글씨를 쓰면서 느껴지는 필기감은 공부를 더 즐겁고 몰입도 있게 만들어줍니다.

새로운 펜을 사면 마치 새로운 가능성이 열리는 기분이 들었습니다. '이 펜으로 공부하면 더 잘될 거야'라는 막연한 희망도 생겼죠. 실제로 그런 심리적 효과가 확실한 동기부여가 됐습니다.

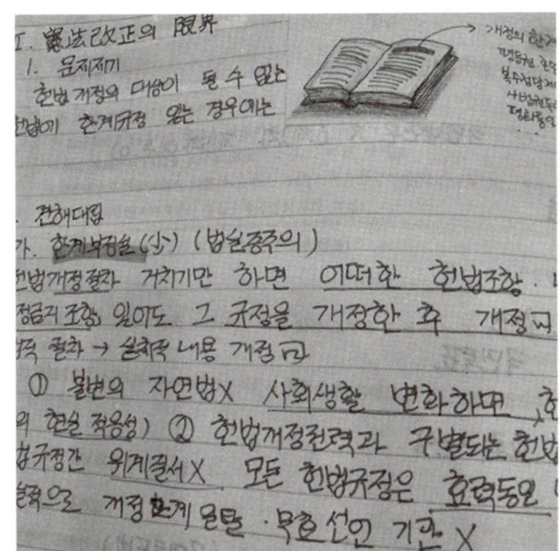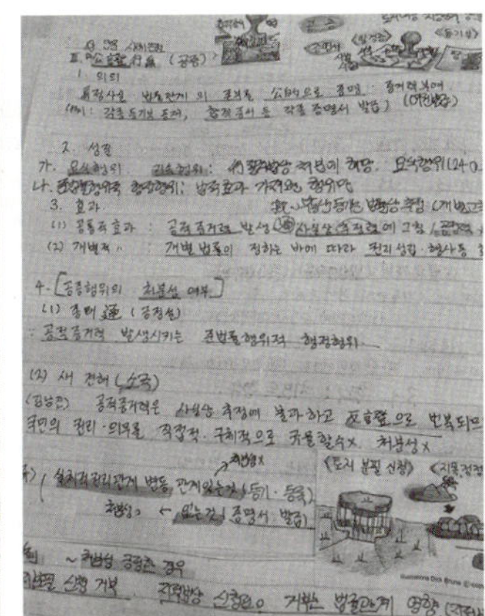

특히 시험이 가까워질 때는 새로운 문구류를 사는 것이 일종의 의식이 되었습니다. '이번 시험은 이 펜으로 합격하겠다'는 다짐과 함께 새 펜을 샀습니다. 그런 작은 믿음들이 모여서 큰 힘이 되었습니다.

포스트잇 암기법 

★ 벽 전체를 메모장으로

　예전에 저는 기억이 단순히 반복과 의지로만 이루어진다고 믿었습니다. '더 열심히, 더 오래' 외우면 언젠가는 저절로 기억될 것이라 생각했죠. 하지만 현실은 믿음과 달랐습니다. 새벽까지 달달 외운 내용이 한 번의 잠으로 완전히 사라져 버리는 황당한 상황을 매일 마주하게 된 것이죠. 마치 새는 독에 물을 붓는 격이었습니다. 그러던 어느 목요일 오후, 책상에서 고개를 들어 기지개를 켜다가 눈앞의 텅 빈 벽을 바라보게 되었습니다. 그 순

간 갑자기 묘한 생각이 떠올랐습니다. **'저 벽이 만약 나에게 계속 말을 걸어준다면 어떨까?'**

포스트잇이라는 훌륭한 도구 덕분에 벽에 메모를 붙였다 떼는 것이 전혀 어렵지 않습니다. 저는 암기할 내용들을 포스트잇에 적어 하얀 벽에 빼곡히 붙였습니다. 이 작은 종잇조각들이 가져다주는 학습 효과는 상상 이상이었습니다. 포스트잇의 가장 큰 장점은 자유자재로 위치를 바꿀 수 있다는 것입니다. 한 자리에 너무 오래 있으면 익숙해져서 눈에 잘 들어오지 않는데, 위치를 바꿔가며 메모를 붙이고 바라보면 계속해서 새로운 자극으로 다가옵니다.

저는 침실, 거실, 부엌, 심지어 현관문, 냉장고, 가구에까지 중요한 개념들을 적은 포스트잇을 붙였습니다. 아침에 일어나서 현관문을 나서기까지, 저녁에 집에 돌아와서 잠자리에 들기까지, 하루 종일 학습 내용과 마주치는 환경을 만들었습니다. 이렇게 하니 별도의 복습 시간을 따로 내지 않아도 자연스럽게 반복 학습이 이루어졌습니다. 처음에는 다소 우스꽝스러워 보였지만, 실제로 일상 생활을 하면서도 그 내용들을 보게 되었고, 하루에도 몇 번씩 자연스럽게 복습할 수 있었습니다.

★ **스마트폰 활용법**

스마트폰이 보편화된 지금, 저는 중요한 개념들을 사진으로 찍어서 휴대폰에 저장합니다. 지하철에서, 버스에서, 잠깐의 대기 시간에도 꺼내 볼 수 있어 매우 유용합니다. 또한 메모장 기능을 활용하여 언제든지 접근 가능한 학습 자료를 만들었습니다.

하지만 제 경험상, 디지털 도구는 아날로그 방식을 완전히 대체할 수는 없습니다. 벽에 붙인 물리적인 메모지가 주는 시각적 임팩트와 지속적인 노출 효과는 스마트폰 화면으로 구현하기 어렵습니다. 따라서 저는 두 방식을 병행하여 집에서는 벽에 붙인 메모지를, 외부에서는 스마트폰의 자료를 활용했습니다.

★ **재능보다 꾸준함으로
암기의 천재가 되는 법**

이런 방법들을 통해 까다로운 개념을 하나씩 정복하고 실제 시험에서 성과를 거두면서, 저는 아무리 어려운 개념이라도 결국 사람이 만든 것이고, 사람이 설명한 것이며 그 사람들처럼 저도 할 수 있다는 자신감을 갖게 되었습니다. 합격은 특별한 재능이 있어야만 넘을 수 있는 벽이 아닙니다.

학습 성공의 핵심은 타고난 재능이나 지능이 아니라, 올바른 방법을 선택하고 그것을 반복해 실행하는 힘에 있습니다. 벽에 붙인 포스트잇은 하나의 예시입니다. 진짜 차이를 만드는 것은 그 뒤에 쌓이는 수많은 기록과 정리입니다. 같은 내용을 여러 번 손으로 적어 보고, 노트에 다시 정리하고, 시간을 두고 다시 꺼내 확인하며, 자신의 언어로 재구성하는 과정이 반복될수록 기억력이 강해지고 실력이 높아집니다. 이처럼 작은 메모 하나, 한 페이지의 노트 정리, 짧은 요약 기록들이 쌓여 하나의 기억 체계를 이룹니다.

처음에는 누구나 평범한 암기력에서 출발하지만, 이런 반복된 기록과 정리의 축적은 어느 순간부터 '암기의 천재'를 만들어 줍니다. 사람들은 그것을 암기의 재능이라고 부르지만, 실제로는 축적된 노력의 결과에 가깝습니다. 여러분도 충분히 할 수 있습니다.

서브노트와 단권화의 지혜

★ 남의 지도로는 내 길을 찾을 수 없다

처음 시험 공부를 시작했을 때의 일입니다. 유명한 학원가를 돌며 최고라고 평가받는 기본서와 요약집을 모조리 구입했습니다. 책상 위에 수북이 쌓인 책들을 보며 '이 정도면 충분하겠지'라며 안도했던 기억이 생생합니다.

하지만 현실은 달랐습니다. 기본서는 너무 방대했고, 요약집은 지나치게 압축되어 있었습니다. 무엇보다 남이 정리한 자료는 제 사고체계와 맞지 않았습니다. 마치 남의 안경을 쓰고 세상

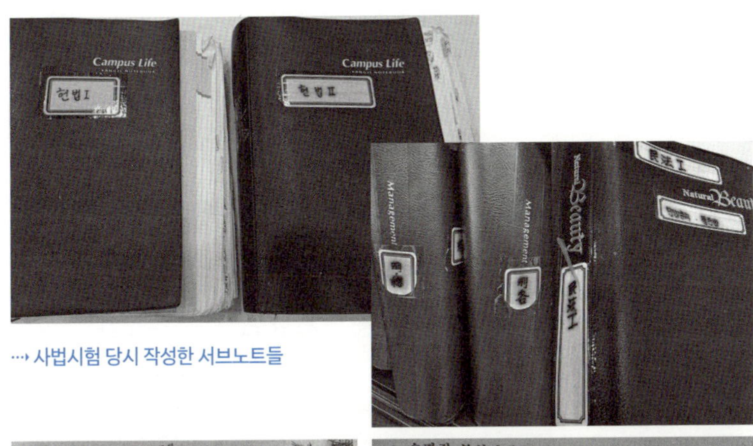

···▶ **사법시험 당시 작성한 서브노트들**

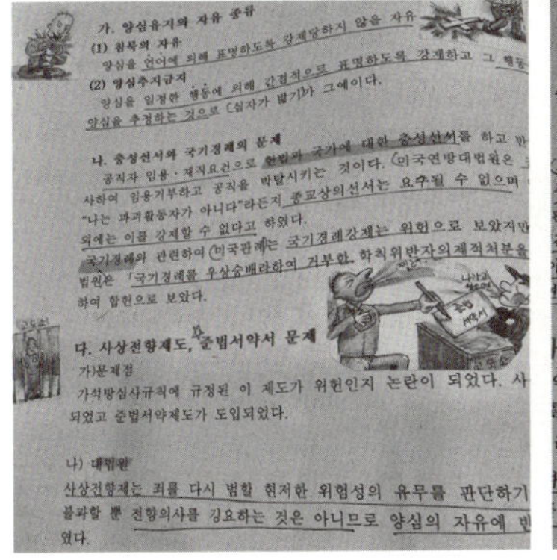

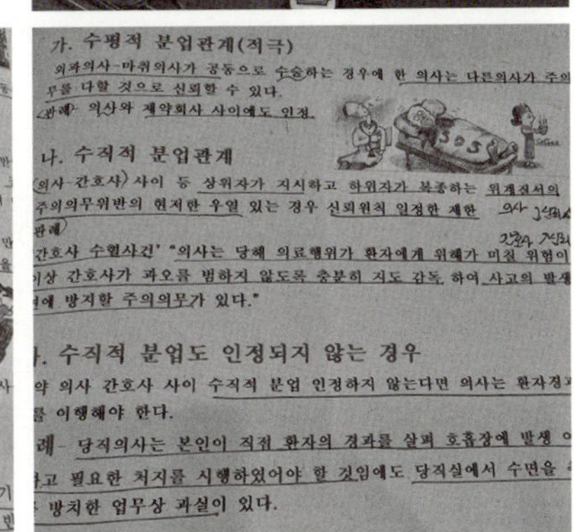

을 보려는 것처럼 불편하고 어색했습니다.

공부란 마치 거대한 미로를 헤매는 것과 같습니다. 방대한 지식의 바다에서 길을 잃기 쉽고, 때로는 같은 곳을 맴돌며 시간을 허비하기도 합니다. 하지만 만약 여러분이 그 미로를 빠져나갈 수 있는 자신만의 지도를 가지고 있다면 어떨까요? 그 지도가 바로 서브노트와 단권화 전략입니다.

★ 서브노트, 나만의 언어로 쓴 합격 설계도

서브노트란 무엇일까요? 단순히 기본서의 내용을 베껴 쓴 노트가 아닙니다. 그것은 **방대한 지식을 자신만의 언어와 체계로 재구성한 것이며, 자신의 약점을 보완하고 강점을 극대화한 맞춤형 학습 자료입니다.**

제가 민법을 공부하며 서브노트를 만들 때의 일입니다. 민법은 수천 개의 조문과 수만 개의 판례로 이루어진 거대한 체계입니다. 처음에는 막막했습니다. '이 방대한 내용을 어떻게 정리할까?'라는 생각에 펜을 들기조차 망설였습니다.

그러나 한 조문씩, 한 판례씩 정리하기 시작하자 놀라운 일이 일어났습니다. 단순히 읽기만 했을 때는 이해되지 않던 개념들이 제 손으로 직접 정리하는 과정에서 명확해진 것입니다. 그리고 각 개념들 사이의 연결고리가 보이기 시작했습니다. 마치 퍼즐 조각들이 하나씩 맞춰지듯 민법이라는 거대한 그림이 제 머릿속에 그려지기 시작했죠.

★ 서브노트가 가져다준 다섯 가지 선물

제가 서브노트를 통해 얻은 것들을 정리하면 다음과 같습니다.

첫째, 정리의 효과를 경험했습니다. 수천 페이지에 달하는 기본서가 제 손안의 몇 권의 노트로 압축되었습니다. 단순한 요약이 아니라, 핵심을 놓치지 않으면서도 필요한 모든 내용을 담은 완벽한 교재였습니다.

둘째, 초압축 반복 학습이 가능해졌습니다. 시험이 임박했을 때 저는 하루에 한 과목씩 제가 만든 서브노트를 처음부터 끝까지 읽을 수 있었습니다. 기본서로는 불가능한 일이었죠. 이러한 반복 학습은 시험장에서 놀라운 효과를 발휘했습니다.

셋째, 암기가 쉬워졌습니다. 제가 직접 쓴 문장, 제가 만든 도표, 제가 그린 그림은 남의 것보다 훨씬 오랫동안 머릿속에 각인되었습니다. 시험장에서 문제를 읽는 순간 제가 작성한 서브노트의 해당 이미지와 내용이 눈앞에 떠오르는 경험을 수없이 했습니다.

넷째, 이해의 깊이가 달라졌습니다. 내용을 재구성하는 과정에서 '왜?'라는 질문을 끊임없이 던지게 되었고, 이는 더 깊은 이해로 이어졌습니다. 단순 암기가 아닌 진정한 이해를 바탕으로 한 학습이 가능했습니다.

다섯째, 자신감이 생겼습니다. '이것은 내가 만든 맞춤형 교재다'라는 자부심은 시험장에서 큰 힘이 되었습니다. 남들이 가지지 못한 나만의 무기를 가지고 있다는 확신은 심리적으로 큰 안정감을 주었습니다.

★ 첫 걸음이 가장 어렵다
: 단계별 접근법

많은 수험생들이 서브노트의 중요성을 알지만 실제로 만들지 못하는 이유는 무엇일까요? 바로 '완벽한 노트를 만들어야 한다'는 부담감 때문입니다. 하지만 처음부터 완벽할 필요는 없습니다. 서브노트는 살아 있는 유기체와 같아서, 시간이 지날수록 성장하고 발전합니다. 제가 추천하는 서브노트 작성법은 이렇습니다.

1단계: **뼈대 세우기.** 처음 1회독 때는 큰 목차만 작성합니다. 예를 들어 '제1편 총칙, 제2편 물권, 제3편 채권……' 이런 식으로 큰 틀만 잡습니다. 이때 중요한 것은 여백을 충분히 남겨두는 것입니다.

2단계: **살 붙이기.** 2회독 때는 각 편의 하위 목차를 채워 넣습니다. '제1편 총칙 – 제1장 통칙, 제2장 사람, 제3장 법인……' 이런 식으로 조금 더 구체화합니다.

3단계: 핵심 키워드 심기. 3회독 때는 각 장에서 가장 중요한 키워드들을 추가합니다. '법인 – 설립, 기관, 해산' 같은 핵심 개념들을 적어 넣습니다.

4단계: 문장으로 연결하기. 4회독 때는 키워드를 문장으로 연결합니다. '법인은 법률의 규정에 의해서만 설립되며(설립), 이사를 통해 활동하고(기관), 해산 사유가 발생하면 소멸한다(해산)'와 같이 정리합니다.

5단계: 디테일 완성하기. 중요한 판례, 학설의 대립, 예외 규정 등을 추가하여 노트를 완성합니다.

이런 식으로 서브노트 만드는 단계를 거칠 때마다 내용이 보충되고 어느 정도 완성이 된 이후에는 문제풀이와 오답노트를 겸용합니다. 시험 막판에는 아는 내용은 지우고 오히려 분량을 줄이는 방법으로 노트 만들기 10단계를 거치면 거의 완벽한 자신만의 서브노트가 완성됩니다.

이렇게 단계적으로 접근하면 부담 없이 서브노트를 완성할 수 있습니다. 저는 이 과정에 약 6개월 이상 걸렸지만, 그 시간은 제 인생을 바꾸었습니다.

★ 효과적인 단권화 기법들

　단권화란 무엇일까요? 그것은 한 과목의 모든 지식을 한 권의 책에 집약하는 기술입니다. 하지만 여기에는 중요한 역설이 숨어 있습니다. '모든 것을 담으려 하면 아무것도 담을 수 없다.'

　처음 단권화를 시도했을 때, 저는 모든 강의 내용, 모든 판례, 모든 보충 자료를 첨부했습니다. 결과는 어땠을까요? 정작 중요한 내용이 무엇인지 구분할 수 없게 되었고, 책이 너무 두꺼워져서 들고 다닐 수조차 없었습니다. 실패를 통해 깨달은 단권화의 핵심은 '선택과 집중'입니다. 정말 중요한 내용만을 선별하여 기본서에 추가해야 합니다. 마치 조각가가 돌을 깎아 작품을 만들듯, 불필요한 것을 제거하여 본질을 드러내는 과정입니다.

　이때 책의 여백은 보물과 같습니다. 저는 항상 여백이 넓은 책을 선호했고, 부족하면 포스트잇을 활용하여 보충했습니다.

★ 오답노트의 힘
: 실패를 성공의 디딤돌로

　'틀린 문제를 다시 틀린다.' 이것은 수험생에게 내려오는 오래된 격언입니다. 모의고사에서 틀린 문제를 실제 시험에서 또

틀렸을 때의 좌절감은 지금도 잊을 수 없습니다.

오답노트는 단순히 틀린 문제를 모아놓은 것이 아닙니다. 그것은 자신의 약점을 정확히 보여주는 거울이며, 그 약점을 강점으로 바꿀 수 있는 연금술의 도구입니다.

★ 오답노트 작성 공식 5단계

1단계: 문제 전문 기록. 틀린 문제를 통째로 옮겨 적습니다. 귀찮더라도 이 과정은 필수입니다. 문제를 다시 쓰면서 어디서 함정에 빠졌는지 발견하게 됩니다.

2단계: 오답 분석. 왜 틀렸는지 정직하게 분석합니다. '개념 이해 부족', '부주의한 실수', '함정에 빠짐' 등으로 분류합니다. 저의 경우 약 50%가 개념 이해 부족, 30%가 부주의, 20%가 함정이었습니다.

3단계: 정답의 논리. 정답이 왜 정답인지, 오답이 왜 오답인지를 명확히 정리합니다. 특히 '매력적인 오답'이 왜 틀렸는지를 분석합니다.

4단계: 관련 개념 정리. 해당 문제와 관련된 개념을 체계적으로 정리합니다. 이때 서브노트와 연계하여 정리하면 더욱 효과적입니다.

5단계: 유사 문제 패턴 분석. 비슷한 유형의 문제들을 찾아 패턴을 분석합니다. 출제자의 의도를 파악하면 다음에는 틀리지 않습니다.

시험을 한 달 앞둔 시점, 저는 더 이상 새로운 것을 공부하지 않았습니다. 오직 그동안 만들어온 단권화노트와 서브노트, 오답노트만을 반복해서 봤습니다. 이는 자신의 약점을 집중 공략하는 맞춤형 특훈과 같습니다.

그러자 놀라운 결과가 나타났습니다. 모의고사에서 반복적으로 틀리던 유형의 문제들을 실제 시험에서는 거의 다 맞출 수 있었습니다. 오답노트야말로 가장 효율적인 막판 정리 자료였던 것입니다.

★ 학습의 황금 비율

수험생들을 지도하면서 가장 많이 보는 실수 중 하나가 바로 '완벽한 정리 중독'입니다. 저 역시 초기에는 서브노트를 너무 정성 들여 만들다가, 한 과목 정리하는 데만 3개월이 걸렸습니다. 그 결과 다른 과목 공부 시간이 부족해졌고, 정작 만든 노트는 제대로 활용하지 못했습니다.

시행착오를 통해 찾아낸 황금 비율은 2:3:5입니다. 즉, **정리**

하는 시간 2, 복습하는 시간 3, 문제 푸는 시간 5의 비율입니다. 이 비율을 지키면서 공부한 이후로 학습 효율이 눈에 띄게 향상되었습니다.

저는 변호사가 된 이후에도 새로운 분야를 공부할 때면 노트를 만들어 펜으로 기록했고 최근에는 컴퓨터와 AI를 이용하여 기록해 남기려고 합니다. 최근에는 인공지능 법률 분야를 공부하며 새로운 서브노트를 만들고 있습니다. 이처럼 한번 몸에 밴 정리와 체계화의 습관은 평생의 자산이 됩니다.

★ 빈 노트에서 시작하는 기적

서브노트 작성은 자신과의 대화이며 자기만의 지식 체계를 구축하는 창조적 작업입니다. 더 나아가 불가능해 보이는 목표를 현실로 만드는 마법의 도구이기도 합니다.

지금 이 순간, 당신 앞에도 빈 노트가 놓여 있을 것입니다. 그 노트를 바라보며 막막함을 느끼고 계실지도 모릅니다. 하지만 기억하세요. 모든 위대한 여정은 첫 걸음에서 시작됩니다.

완벽하지 않아도 됩니다. 처음부터 잘할 필요도 없습니다. 중요한 건 시작하는 용기입니다. **한 줄씩, 한 페이지씩 채워나가다 보면, 어느새 당신만의 보물이 완성되어 있을 것입니다.**

서브노트를 만드는 과정은 때로 지치고 힘들 것입니다. 포기하고 싶은 순간도 올 것입니다. 그럴 때마다 기억하세요. 당신이 쓰는 한 줄 한 줄이 합격이라는 목표에 다가가는 한 걸음입니다.

★ 서브노트의 진화
: 디지털 서브노트로 업그레이드

외워야 할 분량이 많지만 시간이 부족한 요즘 수험생에게 손으로 쓰는 서브노트의 한계는 분명히 존재합니다. 저 역시 난이도와 분량이 다른 미국변호사 시험을 준비할 때 손으로 쓰는 서브노트의 한계를 체험했고, 서브노트 작성 방식을 근본적으로 업그레이드 했습니다. 미국변호사 시험 준비 과정에서는 컴퓨터, 태블릿, 이미지 자료, 그리고 AI 도구까지 적극 활용했습니다. 단순히 강의 노트를 옮겨 적는 수준이 아니라, 핵심 규칙과 구조를 직접 재구성한 디지털 서브노트를 만들었죠. 이 노트는 읽기용 요약이 아니라, 반복 학습과 즉각적인 인출을 전제로 설계한 노트였습니다.

다음 페이지의 사진은 제가 실제로 사용했던 서브노트의 일부입니다. 한 장 안에 핵심 주제, 시험에서 바로 사용하는 문장 구조, 포인트가 동시에 보이도록 구성했습니다. 텍스트만 나열

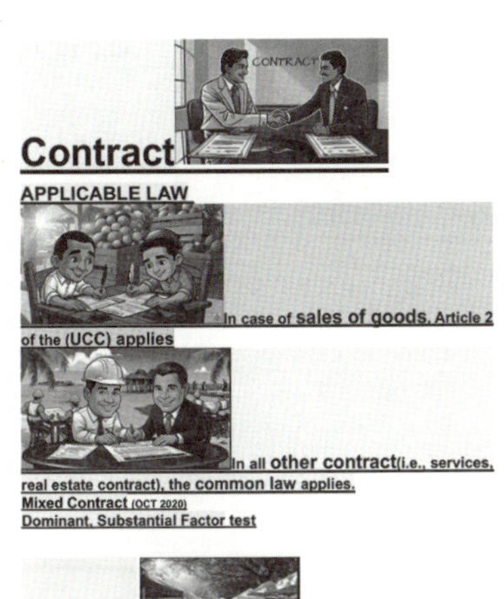

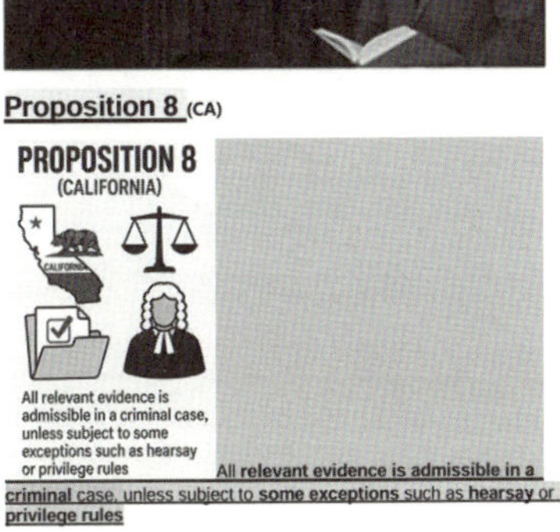

⋯▶ 미국변호사 시험 예시

하지 않고, 색상·도식·아이콘·이미지를 함께 사용해 한눈에 구조가 들어오도록 만들었습니다.

특히 효과적이었던 것은 두문자 암기법과 스토리텔링 암기법을 서브노트와 결합한 방식이었습니다. 예를 들어 단순히 요건을 외우는 대신, 두문자로 정리한 뒤 그 두문자를 하나의 장면이나 이야기로 연결했습니다. 여기에 관련 판례나 시험 상황을 짧은 스토리로 덧붙이면, 기억은 훨씬 오래 남았습니다. 이렇게 만든 서브노트는 단권화 자료이자, 동시에 암기용 지도 역할을 했습니다. AI를 활용해 문장을 다듬고, 구조를 점검하고, 누락된 부분을 보완하면서 노트를 계속 발전시켰고, 그 과정 자체가 반복 학습이 되었습니다. 그 과정을 거쳐 완성된 서브노트는 제가 합격하는 강력한 무기가 되었습니다. 두문자 암기법과 스토리텔링 암기법은 28장에서 자세히 살펴보겠습니다.

회독 공부법

★ 몇 회독을 해야 합격할까?

사람들이 많이 물어봅니다. "변호사님, 도대체 몇 회독을 하고 합격하셨나요?" 이 질문을 받을 때마다 저는 잠시 생각에 잠깁니다. 정확히 몇 회독을 공부했는지 세어보지는 않았지만, 적어도 과목당 10회독 정도는 했던 것 같습니다.

여기서 중요한 것은 회독의 절대적 숫자가 아닙니다. 왜냐하면 회독 자체가 개념에 따라 상대적이기 때문입니다. 어떤 개념을 한 번만 읽어도 다 알고 시험에서 맞출 수 있다면 1회독으로 충분합니다. 그런 개념을 2회독 이상 하는 것은 시간 낭비입니다.

그러나 어떤 어려운 개념이나 문제는 10회독을 해도 잘 모르는 경우가 있습니다. 이것이 바로 '회독 수 상대성의 원리'입니다. 자기가 아는 것은 더 이상 회독할 필요가 없고, 모르는 것은 계속 반복해서 회독 수를 늘리며 공부를 해야 합니다. 회독이라는 것은 절대적인 개념이 아니고 상대적인 개념입니다.

★ 10단계 회독 변신법

저는 한 과목당 기본서, 노트 등의 자료를 열 번 읽되, 매번 다른 방법으로 접근하는 '10단계 회독 변신법'을 실천했습니다.

1회독에서 가장 먼저 한 것은 바로 '목차 공부'입니다. 처음 책을 펼치면 목차를 먼저 보았습니다. 목차를 뜯어 옆에 두고 책의 전체 구조를 먼저 파악한 뒤 머릿속에 큰 지도를 그렸습니다. 숲을 먼저 보고 나무를 보는 이 방법은 학습 효율을 높여주었습니다. 다음엔 전통적인 방법으로 책을 정독했습니다. 모르는 내용에 밑줄을 긋고, 여백에 메모를 했습니다.

2회독에서는 중요한 내용을 손으로 노트에 정리했습니다. 제가 만든 서브노트에 글로 직접 쓰면서 중요한 내용은 암기도 병행했습니다.

3회독에서는 손으로 작성한 서브노트를 컴퓨터로 정리해 봤습니다. 공부한 내용을 체계적으로 정리하니 전체 구조가 한눈에 들어왔습니다.

4회독에서는 서브노트나 컴퓨터 정리 파일에 색깔을 입혔습니다. 시각적 효과로 인해 기억이 더 오래 남았습니다.

5회독에서는 이미지와 그래프, 도표를 추가했습니다. 복잡한 개념을 그림으로 표현하니 이해가 쉬워졌습니다.

6회독에서는 중요한 내용을 문제화했습니다. 스스로 에세이나 객관식 문제를 만들어보니 출제자의 관점을 헤아릴 수 있었습니다.

7회독에서는 이론을 기출문제와 연결했습니다. 배운 내용이 실제 시험에 어떻게 나오는지 패턴을 분석했습니다.

8회독에서는 스터디 그룹과 함께 공부한 내용을 토론했습니다. 다른 사람의 관점을 들으니 놓쳤던 부분이 보였습니다.

9회독에서는 핵심 키워드만 뽑아서 형광펜으로 표시했습니다. 핵심만 빠르게 훑어볼 수 있는 나만의 요약본이 완성되었습니다.

마지막 10회독에서는 전체 분량을 압축하면서 아는 내용을 지워 나가면서 공부했습니다. 진짜 중요한 것만 남기니 시험 직전 활용하기 좋았습니다.

이렇게 매번 다르게 접근하니 같은 책이지만 매번 새로운 발견이 있었습니다. 앞서 말한 것처럼 회독은 상대적입니다. 본인이 모르는 개념이 있다면 계속해서 반복하며 회독해 보세요. 도저히 풀 수 없다고 생각했던 문제도 해답이 보일 것입니다.

공부에 최적화된 두뇌 만들기

★ 채우려면 비워라

우리의 뇌를 거대한 도서관에 비유한다면 그 도서관은 오래된 책들은 먼지를 뒤집어쓰고 매일 새로운 책들이 들어오는 역동적인 공간일 것입니다. 그런데 수험생활을 하다 보면 이 도서관이 점점 혼잡해지고, 정작 필요한 책을 찾을 수 없는 상황에 직면하게 됩니다.

공부할 내용들이 무질서하게 쌓여 있고, 그 사이사이에는 연애 고민, 어제 봤던 유튜브 영상의 잔상, 미래에 대한 불안 같은 잡동사니들이 끼어 있습니다. 이삿짐을 정리할 때 1년 이상 안 쓴 물건들은 다 버리는 게 좋듯이, 우리는 시험에 나오지 않는 불필요한 내용들을 과감히 버려야 합니다.

★ 뇌 상태 진단법
: 눈 감고 떠올리기, 심호흡하기

그렇다면 우리 뇌는 지금 어떤 상태일까요? 수험생 시절, 저는 매일 아침 공부를 시작하기 전 지금 뇌가 공부에 최적화된 상태인지 확인하기 위해 눈을 감고 1분간 제 머릿속을 들여다봤습니다. 지금 가장 먼저 떠오르는 것이 무엇인지, 어떤 생각들이 머릿속을 맴돌고 있는지 관찰했죠. 만약 공부할 내용이 아니라 어제 본 드라마 장면이나 친구와의 갈등이 먼저 떠올랐다면 즉시 뇌 청소 작업에 들어갔습니다.

청소 작업은 거창한 것이 아닙니다. 크게 심호흡을 하며 마음을 가다듬어 보세요. **5초간 숨을 들이마시고 5초간 멈춘 뒤, 5초간 천천히 내쉬세요.** 이 호흡법은 전두엽에 충분한 산소를 공급하고, 불필요한 신경 활동을 진정시키는 효과가 있습니다. 뇌를 공부에 최적화시킬 수 있는 가장 간단하면서 좋은 방법입니다.

★ 컴퓨터 바이러스와
두뇌 건강의 상관관계

컴퓨터가 바이러스에 걸리면 크게 타격을 입고 기능이 망가지듯이, 우리의 뇌도 마찬가지입니다. 바이러스의 원인은 다양합니다. USB를 이상한 곳에 꽂았다든지, 쓸데없는 사이트에 들어갔든지 등등 잘못된 접촉으로 감염되는 경우가 많죠. 사람도 역시 사람을 만나고 온라인에 접속하는 과정에서 뇌가 잘못된 정보로 물들 가능성이 큽니다. 특히 중요한 시험을 앞두고 있는 수험생이라면 불필요한 만남을 피하고 최대한 조용히 시험에 집중하는 것이 좋습니다.

그림으로 기억하는 법
: 시각적 사고의 힘

이 대사를 기억하시나요? 1997년 개봉한 영화 「타이타닉(Titanic)」에서 차가운 바다 위 나무판자에 매달린 로즈가 잭에게 한 약속입니다. 거대한 배가 두 동강 나며 침몰하는 장면, 선미에서 두 팔을 벌린 로즈와 잭이 "나는 날고 있어, 잭!"이라고 외치는 장면, 구명보트에 탄 로즈가 다시 배로 뛰어내려 잭과 포옹하는 등 여러 장면이 기억납니다.

본 지 25년이 넘은 영화의 장면들이 이렇게 생생하게 기억나는 게 놀랍지 않은가요? 그런데 한 달 전에 읽은 책의 내용은 아마 잘 기억이 나지 않을 것입니다.

이것이 바로 이미지의 힘입니다. 우리의 뇌는 텍스트보다 이미지를 훨씬 잘 기억합니다. 과학적 연구에 따르면 우리는 텍스트로 읽은 정보는 20%만 기억하지만, 이미지로 본 정보는 80%를 기억할 수 있다고 합니다.

저는 이 원리를 공부에 적용해 한국 사법시험과 미국변호사시험에 합격했고, 지금도 새로운 분야를 공부할 때마다 그림을 그립니다. 그림을 그리는 동시에 자연스럽게 내용을 점검하고 암기하게 되기 때문에, 직접 그린 그림은 머릿속에 오래 남습니다. 여러분도 타이타닉의 장면을 기억하듯, 합격에 필요한 공부 지식을 영화처럼 기억할 수 있습니다.

★ 그림 한 장이 열 페이지 설명보다 오래간다

깊이 있는 이해가 필요한 시험의 경우 단순 암기로는 공부의 한계가 분명합니다. 저는 이때 직관적 이미지와 이야기 흐름을 결합한 학습법을 활용했습니다.

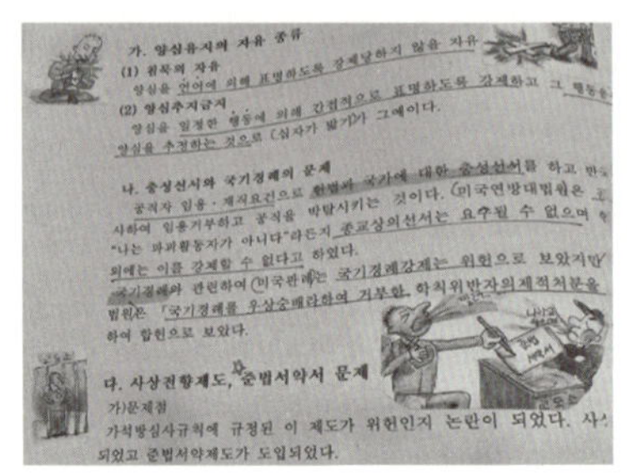

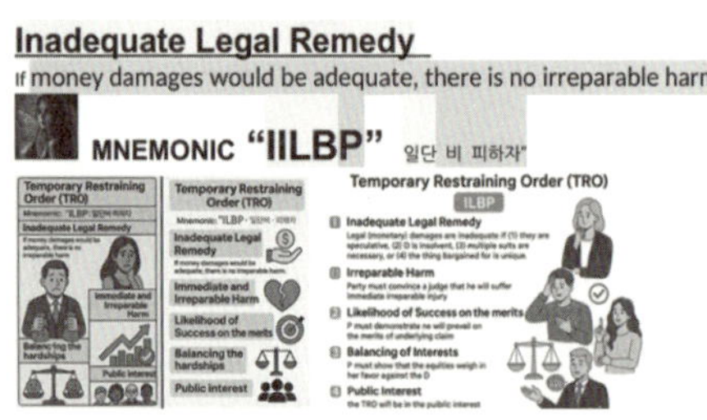

제 서브노트는 이론과 판례를 글로 줄여 적는 방식이 아니라, 핵심 구조를 간단한 그림으로 바꾸어 정리한 노트입니다. 이렇게 하면 시험장에서 문구가 먼저 떠오르기보다, 그때 그 그림과 장면이 먼저 떠오르고, 이를 따라가며 논리와 결론이 자연스럽게 복원되었습니다. 그림의 완성도는 중요하지 않습니다. 중요한 것은 이론을 스스로 이해해 이미지로 바꾸는 과정입니다. 그 과정 자체가 이미 좋은 학습이 되었고, 반복할수록 복습 시간은 줄고 기억은 오래 남았습니다.

미국변호사 시험을 준비할 때는 인터넷과 AI를 활용해 이미지와 이야기로 재구성한 서브노트를 만들었습니다. 복잡한 개념은 한 장면의 그림과 이야기로 정리하니 기억이 훨씬 오래 남았습니다. 시험장에서는 문제를 보면 노트의 해당 부분 이론과 판례를 정리한 이미지와 이야기가 떠올랐고, 이를 따라가며 답안지에 내용을 자연스럽게 써 내려갈 수 있었습니다. **암기한 내용을 억지로 끌어내는 방식이 아니라, 이해한 구조가 자동으로 떠오르는 방식이었습니다.**

암기의 실전 적용
: 정보가 아니라 '이야기'를 기억하라

저를 포함한 많은 사람들이 공부를 하다 이런 순간을 경험합니다. 바로 시험장에서 문제를 봤을 때 머릿속이 하얘지는 순간입니다. 분명 여러 번 봤는데, 시험장에만 가면 머릿속이 하얘진다면 이유는 간단합니다. 그동안 정보를 저장하려 했지, 기억나게 만들지는 않았기 때문입니다. 정보가 의미 없이 흩어진 상태로 저장되어 있기 때문입니다.

암기의 핵심은 구조에 있습니다. 이때 두문자와 이야기가 만나면, 기억은 사라지지 않습니다. 두문자 암기법과 스토리텔링 암기법의 결합은 가장 강력한 암기의 기술입니다.

★ 두문자 암기법
: 기억의 스위치를 만드는 기술

두문자는 암기의 출발점입니다. 복잡한 내용을 한 번에 떠올리게 만드는 기억의 스위치이기 때문입니다. 여러 개념을 길게 외우려 하면 부담이 되지만, 그 개념들의 앞글자나 핵심 단어를 하나로 묶으면 머릿속에서 즉시 반응합니다.

두문자의 힘은 단순함에 있습니다. 시험장에서 긴 문장을 기억해 낼 여유는 없지만 짧은 약자 하나는 바로 떠올릴 수 있고, 두문자 약자가 전체 내용을 끌고 나옵니다. **이렇게 두문자는 외우기 위한 도구가 아니라, 기억을 꺼내기 위한 장치입니다.**

예를 들어 저는 미국변호사 시험의 헌법 과목(Constitutional Law)에세이를 쓸 때 출발 버튼으로 쓸 두문자를 직접 만들었습니다. 바로 '3S'입니다.

State Action → 국가가 한 행위인가?

Sovereign Immunity → 국가가 소송 대상이 될 수 있는가?

Standing → 이 사람이 소송을 낼 자격이 있는가?

3S를 외워두니 에세이 문제를 만났을 때 머릿속에 자동으로 위의 내용이 떠올랐고 에세이를 막힘 없이 술술 쓸 수 있게 되었

습니다.

특히 시험장에서는 긴 문장보다 짧은 기준점이 훨씬 강력합니다. '3S'라는 간단한 신호 하나가 생각의 흐름을 정리해 주고, 자연스럽게 에세이의 논리적 구조를 만들어줍니다.

★ 키워드 암기법
: 긴 설명을 한 단어로 압축하라

두문자가 스위치라면, 키워드는 지도입니다. 아무리 복잡한 이론도 결국은 몇 개의 핵심 단어로 정리됩니다. 공부가 힘들어지는 이유는 모든 문장을 동등하게 외우려 하기 때문입니다. 하지만 실제 시험에서는 설명 전체가 아니라, 핵심 개념이 무엇인지가 중요합니다. 그래서 키워드는 반드시 짧고 선명해야 합니다. '이 단어를 보면 이 개념이 떠오른다'는 수준까지 압축해야 합니다. 키워드가 잘 정리되면, 공부량은 줄어들고 이해는 깊어집니다. 많이 외우는 공부가 아니라, 정확히 잡는 공부로 바뀝니다.

암기가 안 되는 이유는 내용이 많아서가 아니라 연결이 없기 때문입니다. 그래서 저는 먼저 키워드로 뼈대를 세우고, 그 위에 이야기를 입혔습니다. 키워드는 방향을 잡아주고, 스토리는 기억을 붙잡아줍니다.

예를 들어 미국 형사소송법(Criminal Procedure)에서 중요한 이론인 '영장 없는 수색'을 외울 때도 6개의 핵심 키워드만 머리에 넣었습니다. 미국 형사소송법의 대원칙은 영장주의입니다. 개인의 신체, 주거, 소지품을 수색하려면 판사가 발부한 영장이 필요하죠. 다만 여섯 가지 예외가 있습니다. 합리적 의심이 있을 때, 길에서 일시적으로 멈춰 세워 수색할 수 있습니다. 또 자동차는 이동성이 높아 예외가 넓게 인정되죠. 이런 식으로 '길, 차, 보이는 것, 동의, 체포, 긴급 상황' 여섯 가지 키워드로 예외를 정리했습니다. 여섯 개 키워드의 세세한 내용을 따로 외우지 않고 경찰이 밤길에 범인을 추격하다 벌어지는 하나의 이야기로 묶었습니다.

범인이 차를 타고 도망친다, 경찰이 범인의 차를 길에서 멈춰 세우고 몸을 살핀다, 차 안에 물건이 보인다, 범인이 "봐도 됩니다"라고 동의한다. 체포 직후 주변을 수색한다. 불이 나고 긴급 상황이 벌어진다.

하나의 스토리 안에 '영장 없는 수색'을 기억해 낼 수 있는 6개 핵심 키워드와 중요한 내용을 모두 담았습니다.

★ 스토리텔링 암기법
: 추상적인 개념을 장면으로 바꾸다

스토리텔링은 암기의 완성 단계입니다. 키워드와 두문자가 준비되었다면, 이제 그것을 이야기로 엮을 차례입니다.

사람은 원래 이야기를 좋아합니다. 그래서 어린 시절 본 영화의 장면은 기억나지만, 어제 읽은 설명 문장은 잘 떠오르지 않습니다.

이야기가 만들어지는 순간, 그 개념은 더 이상 암기가 아니라 경험이 됩니다. 시험장에서 문제를 보면 문장이 아니라 장면이 먼저 떠오르고, 그 장면이 자연스럽게 답안을 이끌어줍니다.

이야기로 외우면 시험장에서 애써 떠올릴 필요가 없습니다. 첫 장면이 떠오르는 순간 뒤 장면들이 자동으로 따라옵니다. 이것이 키워드 스토리텔링 암기법의 핵심입니다.

★ 연결할수록 기억은 강해진다

암기법이 가장 잘 작동하는 순간은, 공부가 일상과 연결될 때입니다. 친구들과 대화, 길거리, 뉴스, 대화 속 장면들은 최고의 암기 재료입니다. 추상적인 개념을 현실의 상황에 붙이는 순간 그 지식은 책 속에 갇히지 않고 머릿속에 살아남습니다.

그래서 시험장에서 필요한 것은 타고난 기억력이 아니라 "아, 이거 그때 그 장면이었지" 하고 떠오르는 연결고리입니다.

마이크로 러닝의 발견
: 작은 것이 만드는 큰 변화

미국변호사 시험에 먼저 합격한 한 선배와의 만남에서 마이크로 러닝(Micro Learning)이라는 혁신적인 학습법을 처음 접했습니다. 당시 저는 공부해야 할 방대한 양 앞에서 막막함을 느끼고 있었는데, 선배가 건넨 조언은 마치 어둠 속에서 만난 등불과 같았습니다.

"아무리 긴 문장도 짧게 끊어서 공부하면 합격할 수 있어요!"

거대한 바위를 통째로 옮기려 하지 말고, 작은 돌멩이로 쪼개어 하나씩 옮겨가면 된다는 말입니다. 이 단순해 보이는 조언 속에 학습의 본질이 담겨 있었습니다.

★ 집중력의 한계 인정

'인간의 집중력은 한정되어 있다'는 사실을 받아들이는 것이 시작입니다. 우리는 공부하는 시간과 성실함의 정도가 비례한다고 생각하지만, 실제로 효율성과는 거리가 멀 수 있습니다.

마이크로 러닝은 이러한 인간의 인지적 한계를 인정하고, 오히려 그것을 활용하는 지혜로운 접근법입니다. 큰 주제를 작은 단위로 나눠서 짧고 집중적으로 학습하는 이 방식은 각 세션이 보통 5분에서 30분 정도로 구성되어 언제 어디서나 부담 없이 학습할 수 있다는 특징이 있습니다.

★ 맞춤형 마이크로 러닝 전략

작게 쪼개어 공부하고 자주 쉬는 마이크로 러닝은 좋은 방법이지만 모든 상황에 일률적으로 적용할 수는 없습니다. 특히 수험생의 경우 더욱 신중한 접근이 필요합니다. 시험이 얼마 남지 않았을 때는 너무 작게 쪼개고 자주 쉬는 것도 시간이 부족한 수험생 입장에서 문제가 될 수 있기 때문입니다.

수험생의 경우, 학습 전략을 시험의 특성과 연결시켜 생각해야 합니다. 1시간 공부하고 10분 정도 쉬고, 30분 공부하고 5분 정도 쉬는 방식으로 시작할 수 있습니다. 공부가 잘 될 때는 2시간, 3시간 공부하고 10분 정도 쉬는 것도 가능합니다.

공부 집중이 잘 되지 않는 시기에는 30분 공부하고 5분 쉬는 방법으로 시작하다가, 어느 정도 집중이 잘 되면 한 시간 공부하고 10분 쉬는 방법으로 공부 시간을 늘리고, 공부에 더 익숙해지고 집중적으로 공부해야 할 시기에는 쉬지 않고 공부하는 시간을 두세 시간으로 늘릴 필요가 있습니다. **특히 시험에 임박해서는 실제 시험 시간에 맞추어 공부하는 습관이 필요합니다.** 예를 들어 미국변호사 시험이 오전 세 시간, 오후 세 시간을 쉬지 않고 보는 시험이라 막판 한두 달에는 세 시간씩 쉬지 않고 공부하기도 했습니다.

★ 마이크로에서 매크로까지

시험 문제는 전 범위에서 나옵니다. 그렇기에 마이크로 공부를 합쳐 전체적인 맥락을 이해해야 합니다.

예를 들어 처음에는 전체적인 목차, 핵심 키워드. 핵심 문장을 정리해서 살펴본 이후 세분화하여 각각 단계에 맞는 심화 지식을 습득하는 것이 좋습니다.

이런 방식의 장점은 세부적인 내용을 깊이 있게 학습하면서도, 전체적인 구조와 흐름을 놓치지 않을 수 있다는 점입니다. 마이크로 학습을 통해 각 주제의 핵심을 정확히 파악하고, 매크로 학습을 통해 전체적인 연결고리를 이해할 수 있게 됩니다.

★ 지속 가능한 학습의 열쇠

일반적인 수험생이 긴 수험생활을 버티기 어려운 이유 중 하나는 동기를 유지하기가 어렵기 때문입니다. 긴 시간 동안 집중하기 어려운 환경, 즉각적인 성과를 보기 어려운 상황에서 꾸준히 학습을 지속하는 것은 결코 쉬운 일이 아닙니다. 마이크로 러닝은 이러한 어려움을 해결하는 현실적이고 효과적인 대안을 제시합니다.

저 역시 이런 방법론을 통해 복잡하고 방대한 법률 공부를 효율적으로 해낼 수 있었습니다. 각각의 작은 덩어리들을 모아 이룬 큰 지식 체계가, 시험장에서는 체계적이고 논리적인 답안 작성으로 이어졌습니다. 이는 단순히 공부 방법의 문제가 아니라,

학습에 대한 관점과 접근 방식의 근본적인 변화에서 비롯된 결과였습니다. 짧은 시간의 집중적 학습을 모으면 긴 시간 동안의 분산된 학습보다 더 큰 효과를 낼 수 있습니다.

파인만 학습법
: 쉽게 설명할 수 있는 사람이 진짜 실력자!

★ 생방송의 긴장감

여러 방송에 출연했지만, 생방송 프로그램 출연은 완전히 새로운 도전이었습니다. 녹화 방송과 달리 생방송에서는 실수를 만회할 기회가 없기 때문입니다. 시청자들의 질문에 즉시 답변해야 하는 상황에서, 저는 진정한 실력이 무엇인지 깨달았습니다.

KBS「무엇이든 물어보세요」출연 경험은 지금도 생생합니다. 시청자들이 실시간으로 다양한 질문을 보내면, 각 분야 전문가들이 즉석에서 답변하는 프로그램이었습니다. 법률 분야 전문가로 출연한 제게 시청자들이 보내는 질문들은 정말 예측할 수 없었습니다.

"이혼 소송 중인데 재산 분할은 어떻게 되나요?", "부모님이 큰 아들에게만 모든 재산을 물려주셨습니다. 저는 재산을 상속받을 수 없는 건가요?" 등 실생활과 직결된 질문들이 쏟아졌습니다. 이런 질문들에 답변하면서 제가 깨달은 것은 법률 지식의 진정한 가치는 학문적 완성도가 아니라 실제 문제 해결 능력에 있다는 것이었습니다.

생방송이라는 긴장감 속에서 진정한 전문가란 어려운 용어를 많이 아는 사람이 아니라, 복잡한 개념을 누구나 이해하도록 쉽게 설명할 수 있는 사람이라고 생각했습니다. 그리고 이런 설명 능력은 바로 그 개념을 얼마나 깊이 이해하고 있는지를 보여주는 지표입니다.

저는 수많은 방송과 강의에서 시청자와 수강생들에게 어려운 법률 문제들을 쉽게 설명하면서 점점 실력이 향상되는 것을 경험했고, 이를 통해 '파인만 학습법'의 진정한 위력을 깨달았습니다. 이 방법은 노벨물리학상 수상자인 리처드 파인만이 개발한 것으로, 복잡한 개념을 다른 사람에게 쉽게 설명해 보는 과정을 통해 자신의 이해도를 높이는 학습법입니다.

파인만 학습법의 핵심은 설명입니다. 어떤 개념을 진정으로 이해했다면 다른 사람에게 쉽게 설명할 수 있어야 합니다. 개념을 선택한 후 쉬운 언어로 설명하고, 부족한 부분을 찾아 보완한 다음, 단순화하고 비유를 활용하여 더욱 쉽게 만드는 과정을 거칩니다.

이런 과정을 통해 저는 말로 하는 설명은 단순히 지식을 전달하는 것이 아니라, 자신의 이해를 점검하고 깊이 있게 만드는 가장 효과적인 학습 방법이라는 것을 깨달았습니다.

★ 근육에 새기는 기억법

책을 눈으로만 보는 공부와 입말로 중얼거리는 공부를 비교하면 어떤 방법이 더 효과적일까요?

사람의 뇌는 여러 감각을 동시에 사용할 때 정보를 더 효과적으로 저장하고 기억합니다. 책을 읽으면서도 눈으로만 보지 말고 말도 하면 일종의 '다중 감각 학습법'이 됩니다. 본인이 이해한 것을 중얼중얼 말하면, 눈으로 보고 머리로 이해하는 동시에 입 근육도 움직이고, 또 스스로 한 말을 귀로 듣습니다.

이때 일어나는 현상은 매우 흥미롭습니다. 시각적 정보가 뇌의 시각 피질에서 처리되고, 말을 하는 과정에서 운동 피질이 활성화되는 동시에 청각적 정보가 청각 피질에서 처리됩니다. 이렇게 뇌의 여러 부분이 동시에 활성화되면 우리는 공부한 내용을 더 잘 기억합니다. 그렇기 때문에 눈으로 보는 정보와 귀로 듣는 정보가 결합되어 두세 배의 학습 효과를 얻을 수 있습니다.

끝없이 연습하는 스포츠 선수나 악기 연주자의 경우 연습 과정에서 근육이 자동적으로 이를 기억할 때가 있는데 이를 '근육기억(Muscle Memory)'이라고 합니다. 악보를 보지 않아도 손이 먼저 반응하도록 연습한 피아니스트가 연주하듯, 평소에 여러 번 말로 설명했던 내용은 시험장에서도 자연스럽게 글로 쓸 수 있습니다.

제가 여러 번 방송과 강의에서 말한 내용은 입술 근육이 기억하고 나중에는 자동적으로 설명할 수 있게 되었습니다. 이와 같이 시험 공부도 같은 내용을 필기하거나 타이핑하고, 모의고사를 통해 재확인하며 손을 반복적으로 사용하면 근육이 내용을 기억합니다. 시험장에서 문제를 보자마자 손이 자동으로 글자를 적거나 키보드를 치는 신기한 경험을 할 수 있습니다.

★ 혼자서도 가능한 자기 설명법

공부한 내용은 같이 공부하는 스터디 멤버들에게 설명하고 그들과 대화하는 방법이 좋습니다. 스터디를 하지 않거나 혼자서 공부하는 사람이라고 걱정할 필요는 없습니다. 스스로에게 설명하는 방법이 있기 때문입니다. 제가 개발한 '자기 설명법'을 사용하면 혼자서도 충분히 설명 학습의 효과를 누릴 수 있습니다.

책을 보고 인터넷 강의를 들으며 어려운 내용을 공부했다면, 즉시 스스로 자기만의 언어로 설명해 보세요. 저는 혼자 공부할 때도 중얼중얼 말을 하면서 공부했습니다. 이것은 단순한 습관이 아니라 매우 효과적인 학습 방법이었습니다.

처음에는 책을 읽은 후 즉시 요약해 설명하기 시작했습니다. 그 다음에는 노트에 설명을 써보는 연습을 했습니다. 노트에 적으면 내가 이해한 것만 노트에 적을 수 있었습니다. 모르는 것을 노트에 적을 수는 없으니까요. 이때 완벽하게 이해하지 못한 내용을 마치 잘 아는 것처럼 자신을 속이며 넘어가서는 안 됩니다. 그래야만 자신이 진정으로 이해한 부분과 그렇지 않은 부분을 구분할 수 있습니다.

자기만의 쉬운 언어로 정리하는 것도 중요합니다. 에세이 혹은 논술 시험처럼 직접 써야 하는 시험도 있기 때문입니다. 스스로 이해하지 못하고 설명하지도 못하는 내용을 시험장에 들어가 긴장한 상태에서 글로 써내려가는 것은 어렵습니다. **온전히 자기 것으로 만든 지식만이 시험 답안지 위에서 문장이 될 수 있는 것입니다.**

설명하면서 공부하는 방법을 극대화하려면 설명을 기록하고 반복하는 것이 좋습니다. 그래서 저는 혼자서 설명하는 것을 녹음하거나 스터디 하면서 설명하는 것을 녹화했습니다.

설명한 내용을 녹화하거나 녹음해서 만든 파일을 반복해서 보고 들으면서 반복 학습의 힘을 느꼈습니다. 그 과정을 통해 다른 사람들이 그냥 한 번 공부하고 끝낼 내용을 저는 다섯 번 정도 반복할 수 있었습니다.

먼저 책을 읽고 내용을 이해합니다. 그리고 내용을 자기만의 언어로 정리하여 다른 사람 혹은 스스로에게 설명합니다. 그 설명을 녹음하고 녹화합니다. 그리고 이것을 반복해서 듣고 보면

⋯ 스터디 녹화 영상

서 부족한 부분을 채워나갑니다. 이 과정을 거치자 평상시의 몇 배의 학습 효과를 얻을 수 있었습니다.

녹음한 자신의 설명을 다시 들어보면, 어떤 부분에서 말이 막혔는지, 어떤 부분에서 논리가 흔들렸는지 객관적으로 파악할 수 있습니다. 이는 자신의 이해도를 정확히 측정할 수 있는 최고의 도구입니다. 설명이 막히는 부분은 정확히 자신이 완전히 이해하지 못한 부분으로, 이후 그 부분을 다시 공부해서 보완하는 과정을 거쳤습니다.

★ 주변 사람 활용법

설명 학습법에 반드시 많은 사람이 필요한 것은 아닙니다. 혼자 해도 괜찮고, 친구와 해도 되고, 가족에게 설명해도 됩니다. 저도 때로는 가족에게 설명했습니다. 제 가족이 법률 전문가는 아닙니다. 비전문가가 알 수 있을 정도로 설명할 수 있다면 그것은 제가 그 개념을 완벽하게 안다는 것을 의미합니다.

가족을 대상으로 할 때 또 다른 장점은 편안한 분위기에서 연습할 수 있다는 점입니다. 스터디나 강의 상황에서는 긴장할 수 있지만, 가족들 앞에서는 편안하게 설명할 수 있습니다. 편안한 분위기에서 충분히 연습해야 실제 시험이나 발표 상황에서 더 자신감 있게 설명할 수 있습니다.

말을 많이 해야 늘고 글도 많이 써봐야 늘듯이, 설명 역시 많이 해볼수록 실력이 쌓입니다. 스터디가 어려운 상황이라면 가족이나 친구를 활용하는 것도 충분히 효과적입니다.

★ AI 설명 학습법

요즘 인공지능이 많이 발달했기 때문에 챗GPT 같은 AI에게 설명할 수도 있습니다. 사람이 AI에게 설명하고, 피드백을 받는 것도 일종의 설명 학습법이라고 할 수 있습니다. 실제로 저도 계속해서 AI와 대화하며 학습이나 업무에 도움을 받고 있습니다.

AI 학습 파트너의 장점은 매우 많습니다. 24시간 언제든지 접근이 가능하고, 반복해서 물어봐도 전혀 부담이 없습니다. 또한 AI 앞에서는 틀려도 부끄러워할 필요가 없습니다. 다양한 각도에서 질문을 제기할 수 있고, 즉시 피드백을 받을 수 있습니다.

AI와 대화하면서 학습하는 구체적인 방법을 소개해 보겠습니다. 우선 학습한 내용을 AI에게 설명합니다. 예를 들어, "계약의 성립 요건에 대해 학습해 보자! 계약이 성립하려면 청약과 승낙이 있어야 하는데 맞아?"라고 적고, AI에게 이 설명이 맞는지 확인해 달라고 요청합니다.

그 다음 AI에게 반박 논리를 요청해 봅니다. "내가 방금 설명한 내용에 대해 반박할 수 있는 논리나 예외 상황이 있다면 제시해 봐"라고 묻습니다. 이렇게 하면 자신이 놓친 부분이나 더 깊이 생각해 봐야 할 부분을 발견할 수 있습니다.

더 쉬운 설명 방법을 묻는 것도 효과적입니다. "지금 내가 설명한 내용을 초등학생도 이해할 수 있도록 더 쉽게 설명할 수 있는 방법이 있을까?"라고 묻습니다. 이렇게 하면 자신의 설명을 더욱 단순하고 명확하게 만들 수 있습니다.

관련 사례나 예시를 요청해도 좋습니다. "내가 설명한 개념을 구체적인 실생활 사례로 설명해 줘"라고 요청하면, AI가 다양한 사례를 제시해 줍니다. 이런 사례들을 통해 추상적인 개념을 더 구체적으로 이해할 수 있습니다.

마지막으로 이해도 점검 질문도 유용합니다. "내가 이 개념을 제대로 이해했는지 확인할 수 있는 질문과 답변을 몇 개 만들어 줘"라고 요청하면, AI가 다양한 각도에서 질문을 제시해 줍니다. 이런 질문들에 답변해 보면서 자신의 이해도를 객관적으로 평가할 수 있습니다.

이런 방식으로 AI를 활용하면 혼자서도 충분히 설명하는 연습을 할 수 있습니다. AI는 인간 학습 파트너와 달리 피곤해하지 않고, 언제든지 새로운 질문이나 요청에 응답해 줍니다. 이는 현대 학습자들이 활용할 수 있는 새롭고 강력한 학습 도구입니다.

칭찬이 만드는
학습의 선순환

★ 칭찬은 수험생을 공부하게 만든다

보통의 스터디 그룹은 한 명이 자기가 공부한 내용을 발표하고 다른 동료의 질문과 답변을 받는 식으로 운영됩니다. 그러던 어느 날, 제가 한 가지 제안을 했습니다. 발표를 마칠 때 박수와 함께 칭찬을 건네자고 제안한 것이죠. "정말 유익한 내용이었습니다. 수고하셨어요." 말을 건네고 박수를 쳐줬을 뿐인데, 이후에 사람들이 발표를 더 열심히 준비하게 되었고, 칭찬을 들은 발표 내용을 더 오래 기억하게 되었습니다.

칭찬을 받으려면 칭찬을 받을 만한 행동을 해야 하기에, 발표 준비를 위해 공부를 열심히 하게 됩니다. 동기부여가 되고 공부할 힘이 생깁니다. 공부에 재미를 느끼게 되죠.

★ 학습의 재미를 발견하는 방법

공부에서 '재미'는 정말 중요합니다. 단순히 외우고 암기하는 것이 아니라, 다른 사람과 나누고, 칭찬받고, 함께 성장하는 과정에서 공부가 즐거워질 수 있습니다. 그리고 재미있는 공부는 지속 가능합니다. 억지로 하는 공부는 오래갈 수 없지만, 재미있는 공부는 시간이 가는 줄 모르고 할 수 있습니다. 그리고 재미있게 배운 내용은 더 오래 기억에 남습니다.

★ 기억의 강화와 장기 보존 효과

스터디 그룹에서의 칭찬 릴레이 덕분에 저는 공부에 재미를 느낄 수 있었습니다. 앞서 설명한 녹음 녹화 학습법을 위해 만든 파일을 다시 돌려보면, 칭찬 받았던 좋은 기억이 다시금 되살아났죠. 그러자 그때 공부한 내용이 머릿속에 생생하게, 더 오래

남게 되었습니다. 이처럼 좋은 기억을 덧씌운 기억은 장기 기억
이 되기 쉽습니다. 너무 싫은 공부지만 억지로라도 좋아하는 마
음을 가져보세요.

자료 과잉 주의!
공부 자료의 분해와 재조립

★ 정보의 홍수 속에서 길을 잃다

한국 사법시험 공부를 처음 시작하던 날이 아직도 또렷하게 기억납니다. 저는 '정말 체계적으로 공부해 보자'는 다짐을 하고 서점으로 향했습니다. 그러나 그곳에서 제가 가장 먼저 저지른 실수는, 공부가 아니라 자료 수집에 몰두한 것이었습니다. 모든 과목의 기본서는 두 권 이상 구입하고 기출문제집, 요약집까지 눈에 띄는 자료들을 모두 구입했습니다. 자료가 많아질수록 마음은 든든해졌습니다. '이 정도 자료면 합격하겠지', '이 많은 책으로 공부하면 반드시 합격할 수 있을 거야'라는 생각이 자연스럽게 들었습니다. 하지만 그 순간 저는 이미 정보의 홍수 속에서 허우적거리고 있었던 것입니다.

책상 위에 쌓인 책들은 마치 초보 등산객 앞에 놓인 에베레스트산 같았습니다. 어디서부터 시작해야 할지, 어떤 순서로 공부해야 할지, 시간은 한정되어 있는데 이 모든 것을 언제까지 다 소화할 수 있을지 점점 불안은 커져갔죠. 게다가 온라인 커뮤니티에서는 '최신 판례 정리', '합격자 필기 노트 공유', '교수님 강의 요약본' 등등 또 다른 유혹들이 날마다 쏟아졌습니다. 제가 수험생활 초반에 이렇게 많은 자료들을 구입하고 책상에 쌓아둔 이유는 마치 이런 자료들을 하나라도 놓치면 시험에서 실패할 것만 같았기 때문입니다.

'더 많은 자료와 정보를 가진 사람이 이긴다'는 말이 있죠. 하지만 현실은 정반대였습니다. 자료와 정보가 많아질수록 제 머릿속은 오히려 혼란스러워졌습니다.

★ 많다고 반드시 좋은 것이 아니다

결정적인 순간은 처음 치른 사법시험 모의고사를 망친 날이었습니다. 정확히 그 문제와 유사한 내용들이 그 많은 자료 어딘

가에 있었고, 그 자료를 분명히 읽었는데도 시험장에서 명확히 떠오르지 않았습니다. 집에 돌아와 한참 자료를 뒤적이다 겨우 발견했습니다. 제가 틀린 문제는 기본서에도, 학원 자료집들에도 있는 내용이었습니다.

문제는 내용을 몰랐던 것이 아니라 알고 있는 내용을 머릿속에서 꺼내 쓸 수 없었다는 점이었습니다. 마치 수천 개의 파일이 무작위로 흩어진 컴퓨터 하드 디스크 같았죠. 정보는 들어 있지만 검색 시스템이 작동하지 않았던 겁니다.

그날 밤, 저는 책상 위 모든 자료를 전부 버리고 싶었고 절망적인 기분까지 들었습니다. 그때 문득 떠오른 생각이 있었습니다. '내가 지금 수집가처럼 행동하고 있구나. 시험 합격자가 아니라 자료 수집가로 변해버렸어.'

★ 자료의 분해와 분류

그날 이후 저는 자료를 더 모으지 않았습니다. 대신 이미 가지고 있던 기본서, 요약집, 기출문제, 강의 자료를 한꺼번에 펼쳐놓고 나만의 서브노트로 정리될 수 있는가, 아니면 그저 읽고 지나갈 자료인가 스스로에게 질문했습니다. 기본서는 개념을 이해하기 위한 용도와 중간에 모르는 부분을 확인하는 용도로 사용했고, 요약집과 기출문제는 시험이 무엇을 어떻게 묻는지를 파악하는 용도로 사용했습니다.

중요한 것은 자료의 종류가 아니라, 그 내용을 저만의 언어로 다시 정리해 만드는 것이었습니다. 설명이 길거나 역할이 겹치는 자료는 과감히 정리했고, 꼭 필요한 내용만 서브노트로 옮겼습니다. 문제를 풀다 막힌 부분, 강의를 들으며 새롭게 이해한 포인트, 반복해서 틀린 내용들은 모두 서브노트에 압축해 담았습니다. 시간이 지날수록 책상 위의 자료는 눈에 띄게 줄어들었고, 대신 제가 직접 만든 서브노트 한 권이 점점 두꺼워졌습니다. 어느 순간부터는 여러 권의 기본서나 요약집을 다시 펼칠 필요가 없었습니다. 공부의 중심이 완전히 서브노트로 옮겨간 것입니다.

이렇게 모든 자료를 하나의 노트로 만들자 공부의 방향이 분명해졌습니다. 무엇을 봐야 할지 고민하지 않아도 되었고, 자료에 끌려다닐 이유도 사라졌습니다. 많은 자료를 소유하는 공부가 아니라, 나만의 노트 하나를 완성해 가는 공부가 시작된 순간이었습니다.

★ 하나의 서브노트로 완성되는 재구성

자료를 모으고 줄이는 단계가 끝났다면, 그 다음은 흩어진 지식을 하나로 엮는 과정입니다. 이 단계는 단순히 요약하는 일이 아니라, 각 자료에서 얻은 핵심을 머릿속에서 연결해 하나의 구조로 다시 세우는 작업입니다. **개별 정보들이 서브노트 안에서 서로 이어지면서 비로소 지식의 퍼즐이 맞춰지고, 시험장에서 바로 꺼내 쓸 수 있는 형태로 정리됩니다.** 이 재구성이 이루어질 때, 공부는 비로소 '많이 한 상태'에서 '합격하는 상태'로 바뀌게 됩니다.

이전과 비교해 서브노트 작성 방식에 가장 큰 변화를 주었습니다. 예전에는 기본서의 순서를 따라 그대로 필기했지만, 시험에서 답안을 쓰는 저만의 순서대로 재배열했습니다.

예를 들어, 민법 계약 해제 부분을 정리할 때 '1. 개념 2. 법적 성질 3. 해제권의 발생 4. 해제의 효과.' 이런 식으로 교과서 순서를 따라갔었죠. 하지만 '문제의 제기, 사안의 적용, 계약 해제 여부, 학설, 판례, 결론'과 같은 실제 답안지 순서대로 배열하니, 마치 머릿속에 답안 템플릿이 준비된 듯 시험장에서 훨씬 자연스럽게 답안을 작성할 수 있었습니다.

'연결 고리 만들기'도 좋은 재조립 방식입니다. 헌법의 기본권 내용을 정리할 때, 각 기본권을 나열하는 대신 기본권 사이의 충돌 관계와 보완 관계를 지도처럼 그렸습니다.

예를 들어 '표현의 자유'와 '프라이버시권'이 충돌하는 사례들, '직업의 자유'와 '재산권'이 연결되는 지점을 시각화했습니다. 판례를 그림으로 만들고 판례 이름과 내용을 암기했습니다. 이런 방법은 특히 판례를 암기할 때 큰 도움이 되었습니다. 개별 판례를 단순히 외우는 대신, 판례의 의미와 각각의 이론과 판례 사이의 관계를 파악하니 하나를 기억하면 연결된 다른 이론과 판례도 자연스럽게 떠올랐습니다.

★ 정보를 내 것으로

사실 공부에는 정답이 없다고들 합니다. 하지만 제가 깨달은 것은 적어도 '나만의 정답'은 있다는 것입니다. 남의 공부법을 그대로 따라하지 않고, 본인이 스스로 터득한 스타일을 적용하고 상황에 맞는 시스템을 만드는 일. 이것이 합격하는 공부의 시작이었습니다.

우리는 정보의 홍수 속에 살고 있습니다. 유튜브 강의, 온라인 강좌, 스터디 어플, PDF 등 공부 자료는 끝없이 늘어나지만, 하루는 여전히 24시간이고 시험일은 다가오고 있습니다.

자료 수집보다 중요한 것은 그 자료를 '내 것으로 만드는 과정'입니다. 100개의 자료보다 내가 직접 만든 한 장의 노트가 시험장에서 더 큰 힘을 발휘합니다.

  결국 내가 만든 '틀' 안에서 기억하고, 꺼내고, 쓸 수 있을 때 지식은 비로소 진짜 내 것이 됩니다. 수많은 자료 속에서 길을 잃지 마세요. 때로는 한 걸음 물러서서 자신만의 지도를 그려보는 시간이 필요합니다. 그 지도가 여러분이 원하는 '합격'이라는 목적지로 인도할 것입니다.

불의타를
예측하는 전략

★ 예고 없는 타격

'불의타(不意打)'란 말 그대로 '불의의 타격 문제'를 뜻합니다. 수험생이라면 누구나 한 번쯤 시험장에서 '불의타'를 경험합니다. 수험생이 전혀 예상하지 못한 문제가 출제되어 큰 충격을 받는 상황을 말하는데, 특히 기출문제와 예상문제에만 익숙해진 수험생일수록 이러한 불의타 문제에 더 크게 흔들리고 시험을 망치기도 합니다.

불의타를 대비하는 첫 번째 전략은 출제자의 심리를 이해하는

것입니다. 저는 항상 이런 질문들을 던졌습니다

"이 과목의 교수 혹은 전문가라면 어떤 문제를 내고 싶을까?"

"최근 10년간 출제된 문제들을 보면, 어떤 패턴이 보이는가?"

"아직 출제되지 않았지만 중요한 주제는 무엇인가?"

"학원가에서 예상하는 문제 외에, 출제자가 관심 가질 만한 영역
은 무엇일까?"

이런 관점에서 분석하면, 불의타도 어느 정도는 예측 가능합
니다. 완벽하게 맞출 수는 없지만, 적어도 '이런 영역에서 뭔가
나오겠다'는 감을 잡을 수 있습니다.

★ 기출문제는 시험의 나침반

수험생활을 시작하면서 가장 먼저 기출문제를 구했습니다.
합격한 선배들도 하나같이 '기출문제가 가장 중요하다'고 강조
했고, 실제로 그 조언은 옳았습니다. 기출문제는 시험의 방향성
을 보여주는 가장 확실한 나침반입니다.

저는 각 과목별로 10년치 이상의 기출문제를 모아 체계적으로
분석했습니다. 어떤 주제가 자주 나오는지, 문제의 형식은 어떻게

변화했는지, 난이도의 추이는 어떠한지 꼼꼼히 기록했습니다.

기출문제는 최소 3회독 했습니다. 1회독에서는 시간을 재며 실전처럼 풀었고, 2회독에서는 스터디 동료들과 함께 기출문제를 풀고 분석했으며, 3회독에서는 틀린 문제와 애매한 문제를 중심으로 개념을 다시 정리했습니다. 이런 반복 학습을 통해 출제자들의 사고 패턴을 어느 정도 파악할 수 있었습니다.

앞서 설명한 불의타는 기출문제를 반복해서 풀며 출제자의 심리를 이해해야만 대비할 수 있습니다. 이제 제가 파악한 출제자의 심리를 살펴보겠습니다.

★ 출제자도 사람이다

출제자의 심리를 이해하려면 먼저 그들도 우리와 같은 사람이라는 점을 인식해야 합니다. 그들도 자존심이 있고, 창의성을 발휘하고 싶은 욕구가 있으며, 때로는 장난기도 있습니다. 출제자의 심리를 파악하면 어떤 문제가 출제될지 예상할 수 있습니다. 저는 출제자의 심리를 다음과 같이 분석합니다.

첫째, 전문가로서의 자존심입니다. 수십 년간 한 분야를 연구한 교수가 학원 강사들이 예측한 문제를 그대로 출제하고 싶을까요? 오히려 예측하지 않은 문제를 출제하고 싶을 수 있습니다.

둘째, **변별력에 대한 고민입니다.** 출제자들은 늘 고민합니다. '어떻게 해야 정말 실력 있는 학생을 가려낼 수 있을까?' 너무 쉬우면 변별력이 없고, 너무 어려우면 민원이 쏟아집니다. 그러므로 누구나 쉽게 푸는 쉬운 문제나 아무도 풀 수 없는 지나치게 어려운 문제를 출제하기보다는 변별력을 줄 수 있을 정도의 난이도의 문제가 출제될 가능성이 높습니다.

셋째, **공정성에 대한 압박입니다.** 특정 학원이나 강사의 예상 문제가 그대로 나오면 공정성 시비가 일어납니다. 따라서 출제자들은 의도적으로 시중에 떠도는 예상 문제를 피하려는 경향이 있습니다.

넷째, **창의성 발휘 욕구입니다.** 매년 똑같거나 비슷한 문제만 내는 것은 출제자에게도 지루한 일입니다. 출제자도 사람인 이상 가끔은 새로운 시도를 하여 독창적이고 새로운 문제를 출제하고 싶을 수 있습니다.

★ 불의타 대비법

첫째, **출제자 되어보기 훈련입니다.** 실제로 제가 조직한 스터디에서는 저의 제안으로 멤버들이 직접 출제한 문제를 다른 멤버들이 풀고, 출제한 멤버가 정답을 설명하며 공부했습니다. 처음에는 다들 부담스러워했지만 나중에는 문제 출제와 해설에 적응했고, 결국 이 방법이 아주 탁월하고 효과적이라고 모두가 인정했죠. 이러한 훈련을 통해 스터디 멤버들은 출제자의 고민을 직접 경험할 수 있습니다. '어떻게 해야 실력을 제대로 평가할 수 있을까?', '너무 뻔한 문제는 재미없는데', '이 개념을 정말 이해했는지 어떻게 확인하지?' 실제 이 방법을 사용한 당시, 스터디에 참가한 상당수의 멤버들이 시험에 합격할 수 있었습니다.

둘째, 출제 경향 데이터베이스 구축입니다. 저는 다음과 같이 데이터베이스를 만들었습니다. 연도별로 출제 주제를 정리하고, 각 주제의 마지막 출제 연도를 정리합니다. 출제 형식이 단답형에서 논술형으로, 논술형에서 사례복합형으로 언제 어떻게 변해왔는지 살펴보고 배점은 어떻게 바뀌었는지, 난이도는 어떤지 분석합니다.

이 데이터를 분석하면 놀라운 패턴이 보입니다. 1년, 2년, 3년, 5년, 7년, 10년 주기로 순환하는 주제들은 물론이고 10년 만에 부활하는 고전 문제들, 새로운 출제 위원이 선호하는 스타일 등 각기 다른 패턴의 문제들이 보이기 시작했습니다.

셋째, 학계 동향 모니터링입니다. 출제자들은 대부분 현직 교수들이나 실무자입니다. 그들의 최근 관심사를 파악하면 출제 경향을 예측할 수 있습니다. 실제로 한 교수님이 학술지에 기고한 논문 주제가 다음 해 시험에 출제된 것을 몇 번 목격했습니다.

최근 기사와 시사 이슈를 미리 공부해야 하는 시험은 주로 논술형이나 면접형 평가에서 많이 보입니다. 대학 논술, 언론사 입사 시험 등은 사회적 쟁점에 대한 어느 정도의 이해를 전제로 문제를 출제하기 때문에, 최신 뉴스 흐름을 알고 있어야 논지 파악과 글쓰기 전개가 가능합니다.

또한 공무원이나 대기업, 중소기업 등 면접에서도 시사 기반 질문이 등장할 수 있으며, 특정 사회 이슈에 대한 견해를 요구하는 경우가 있습니다. 시험 중에 직접 기사를 검색할 수는 없기 때문에, 최근 기사 내용을 충분히 알고 있어야 합격할 만한 답변이 나옵니다.

★ 골고루 공부하되 전략적으로

모든 영역을 골고루 공부하면 불의타 문제를 정복할 수 있습니다. 하지만 이것이 모든 내용을 똑같은 비중으로 공부하라는 의미는 아닙니다.

저는 각 과목의 여러 주제와 문제의 중요도에 따라 다음과 같이 문제를 분류했습니다.

A급: 매년 출제되고 배점이 높은 핵심 주제 → 깊이 있게 완벽히

A급 문제는 당연히 반복해서 암기하며 준비해야 합니다. 그런데 B급이나 C급 심지어 D급 이라도 완전히 포기하거나 소홀히 해서는 안 됩니다. 실제로 저는 10년 만에 출제된 문제, 심지어는 20년 만에 나온 문제들도 목격했습니다. 출제자는 때때로 '수험생들이 이 부분은 분명 안 볼 거야'라고 생각하는 문제를 출제합니다.

★ 불의타를 넘어

시험은 결국 미래의 전문가를 선발하는 과정입니다. 그리고 실력 있는 미래의 전문가에게 필요한 능력은 과거의 이론을 무비판적으로 암기하는 능력이 아니라, 어렵고 새로운 문제를 창의적으로 해결하는 능력입니다. 불의타 문제는 바로 이런 능력을 평가하기 위한 출제자들의 시도입니다.

출제자의 심리를 이해하고 시대의 흐름을 읽는다면 불의타도 충분히 예측 가능합니다. 기출문제의 중요성을 인정하되 맹신하지 않고, 탄탄한 기본기 위에 최신 트렌드를 접목시키며, 다양한 관점에서 문제를 바라보는 훈련을 한다면 어떤 새로운 문제도 두렵지 않습니다.

무엇보다 중요한 것은 예상 문제든 불의타 문제든 공부 자체를 즐기는 마음입니다. 최신 뉴스를 보면서 '이게 시험에 어떻게 나올까?' 생각하고, 친구들과 미래의 법적 과제를 토론하며, 새로운 기술이 가져올 변화를 상상해 보는 것이죠. 이런 과정 자체가 즐거워질 때 실력은 자연스럽게 따라옵니다.

출제자도 사람입니다. 그들도 매일 같은 음식을 먹으면 질립니다. 하지만 그들이 원하는 새로운 메뉴는 완전히 낯선 음식이 아니라, 전통적인 재료를 현대적으로 재해석한 퓨전 요리입니다. 기본기를 든든한 재료로 삼아 시대정신이라는 양념을 더한다면 여러분도 충분히 출제자가 원하는 요리를 만들어낼 수 있습니다.

공부를 끝까지 지속하게 만드는 '버티는 힘'

건강한 몸과 마음에 합격이 담긴다

★ 수험생활 중 아프면 힘들다

수험생활에서 가장 중요한 것은 몸과 마음의 건강입니다. 수험생활은 그 자체로 매우 힘들기 때문에 몸과 마음이 아픈 경우가 있습니다. 저도 공부하면서 아픈 경우가 여러 번 있었죠. 아무래도 수험생활 중에는 스트레스도 받고 신경도 많이 쓰다 보니 평소보다 더 자주 아프게 됩니다.

건강이 수험생활에 미치는 영향은 생각보다 훨씬 큽니다. 한번 아프면 일주일이 될 수도 있고 2주가 될 수도 있고 심지어는 한 달이 될 수도 있는데, 그동안에는 공부에 집중하기가 어렵습니다. 그렇게 되면 그동안 쌓았던 실력이 무참히 무너질 수 있습니다.

평상시에 성적도 무척 좋고, 실력도 아주 좋아서 시험에 합격할 것 같았던 사람들도 몸이 아픈 바람에 갑자기 공부를 그만두고 시험을 포기하게 됩니다. 수험생에게 컨디션 관리, 건강 관리는 아주 중요한 일입니다. 건강 관리는 기존 공부법 책에서 자주 간과되는 주제이지만, 어쩌면 가장 중요한 주제일지도 모릅니다.

몸과 마음이 아픈 경우에는 공부량을 조금 줄이더라도 건강에 신경 써야 합니다. 예를 들어, 운동을 하거나 충분한 수면을 취하는 것이 중요합니다. 공부는 마라톤과 같습니다. 하루나 이틀 밤을 새우는 것은 가능할지 모르지만, 합격까지는 1년이나 2년이 걸릴 수 있습니다. 건강을 유지하는 것은 시험에 합격하는 지름길입니다. 수험생이 아프지 않으려면 평상시에 꾸준한 건강 관리가 필요한데 이때 일반인과는 다른 특별한 접근이 필요합니다.

첫째, 규칙적인 생활 패턴을 유지해야 합니다. 일정하게 수면 시간과 기상 시간을 지키고, 충분한 수면 시간을 확보하는 것은 면역력 강화에 큰 도움이 됩니다. 저는 밤 12시 전에 자고 아침 일찍 일어났습니다. 피곤할 때도, 주말에도 늦어도 아침 6시 쯤에는 일어났죠. 이렇게 규칙적으로 수면을 취하는 것이 중요합니다.

둘째, 균형 잡힌 식단과 꾸준한 운동도 필수입니다. 비타민과 단백질이 풍부한 자연적인 음식을 섭취하고 인스턴트 식품이나 나쁜 음식은 가급적 섭취하지 않는 것이 좋습니다. 운동도 중요합니다. 가벼운 유산소 운동이나 근력 운동, 스트레칭 같은 활동을 통해 체력을 유지하는 게 큰 도움이 됩니다.

셋째, 스트레스 관리도 중요합니다. 명상이나 짧은 휴식, 그리고 취미 생활을 통해 정신적 균형을 잡는 것이 필요합니다.

★ 음주의 악영향

술을 좋아하는 수험생이 있습니다. 물론 성인은 술을 마시면서 스트레스를 풀 수 있습니다. 하지만 술의 경우, 플러스보다 마이너스가 더 많다고 생각합니다. 술을 좋아하더라도 수험 기간 동안에는 시험에 합격할 때까지 술을 끊는 것이 좋습니다.

음주가 학습에 미치는 영향도 명확합니다. 과도한 음주는 기억력 감소와 집중력 저하를 일으키고, 장기적으로는 뇌 구조에 변화를 초래할 수 있다는 여러 연구 결과가 있죠.

술은 특히 '숙취'라는 악명 높은 부작용 때문에 학습에 치명적입니다. 가벼운 음주도 다음 날 집중력, 기억력, 정보 처리 능력을 저하시킬 수 있습니다. 중요한 시험을 준비하는 기간에는 이런 인지 능력의 저하가 누적되어 치명적인 결과로 나타납니다.

제 주변에도 머리도 좋고 실력도 좋은데 술을 좋아해서 시험에 계속 불합격한 사람들이 있었습니다. 그리고 합격을 하더라도 술 때문에 실수하거나 업무 능력이 저하되어 성공하지 못한 사람들도 있습니다. 술은 자제하는 것이 좋고 만약 술을 마셔야 한다면 본인 스스로 컨트롤할 수 있는 정도로 절제해야 할 것입니다. 이 정도 의지는 합격이나 성공을 위한 기본 자세입니다.

★ 흡연의 위험성

담배도 마찬가지입니다. 스트레스를 풀기 위해 담배를 피우는 사람들이 많죠. 하지만 담배는 뇌 건강에 좋지 않을 뿐더러 시간 낭비이기도 합니다. 예를 들어 하루에 담배를 피우는 시간을 모았을 때 30분이라고 하면, 한 달에 얼마나 될까요?

담배가 학습에 미치는 영향은 단순한 건강 문제를 넘어섭니다. 주변에 담배를 많이 피웠던 친구가 있었는데, 실제 시험 시간 동안 담배를 필 수 없어 금단 현상으로 집중력이 저하되었고 시험에 어려움을 겪었다고 합니다. 이렇듯 담배를 피우고 싶은 욕구가 시험을 망칠 수 있습니다. 계속 담배 생각만 하게 되고, 이는 스트레스를 유발해 건강에도 좋지 않습니다. 수험생활 중에는 담배를 끊는 것이 좋습니다. 나쁜 습관을 관리하지 못한 상태에서 더 큰 목표인 합격을 기대하는 것은 어렵기 때문입니다.

★ 아플 때 현명한 대처법

만약 수험생이 아프다고 해서 그 기간 동안 공부를 완전히 중단해야 할까요? 물론 건강 회복이 가장 중요합니다. 그러나 저는 아파도 조금씩 공부를 했습니다. 왜냐하면 하루 이틀 완전히 쉬는 것은 괜찮지만 한 주, 심지어는 한 달 등 장기간 아프다고 해서 그 기간 동안 공부를 완전히 중단해 버리면 쌓아온 실력이 갑자기 무너질 수도 있기 때문입니다.

아프더라도 건강을 해치지 않는 선에서는 공부를 하는 것이 좋습니다. 공부를 완전히 멈추기보다는 부담을 줄인 상태로 공부의 끈을 이어가는 것이 좋다고 생각합니다. 평소보다 난이도와 시간을 많이 줄이고 건강에 부담이 없을 정도로 하는 것입니다. 예를 들어 몸이 아프면 너무 어렵지 않고 평소 본인이 좋아하는 공부를 하거나, 가볍게 인강을 듣는다든지, 아니면 산책하면서 공부한 것을 다시 생각해 보는 등 부담을 줄여 공부하는 것이 좋습니다.

아플 때의 마음가짐도 중요합니다. 너무 우울해하거나 낙담하지 말고, 긍정적으로 생각하는 것이 필요합니다. '차라리 지금 아픈 것이 불행 중 다행이다. 빠르게 회복하고 시험 당일에는 최상의 컨디션으로 임하자'며 마음을 다잡고 건강을 회복하는 것이 좋습니다.

★ 쉼표가 있는 공부

휴식은 공부 효율을 높이는 데 정말 중요한 요소입니다. 효과적으로 쉬고 재충전하는 방법을 잘 활용하면, 장기적인 수험 생활에도 지치지 않고 꾸준히 성장할 수 있습니다. 마치 마라톤 선수가 일정한 페이스로 달리듯, 수험생도 지속 가능한 리듬을 찾는 것이 중요합니다.

어떻게 휴식을 할 것인지 휴식의 방법 또한 아주 중요합니다. 짧은 휴식 시간에는 스마트폰을 확인하는 대신, 창밖을 바라보거나 간단한 스트레칭, 물 마시기, 산책하기와 같은 활동이 더 효과적입니다. 이런 활동들은 뇌를 진정시키고 다음 집중을 위한 준비를 도와줍니다.

휴식 시간의 길이도 다양화하는 것이 좋습니다. 짧은 휴식과 긴 휴식, 그리고 하루 단위의 완전한 휴식까지 체계적으로 계획해보세요.

휴식의 양과 질 모두 균형 있게 관리하는 것이 중요합니다. 특히, 휴식 중에도 학습과 연관된 활동을 통해 자연스럽게 복습하고, 지식을 강화하는 방법은 매우 효과적입니다. **일정하게 루틴을 유지하면서도 유연하게 대응하는 것이 장기적인 학습 성공의 비결입니다.**

건강한 경쟁과
협력의 학습 문화

★ 긍정적인 마인드셋

현대 사회가 경쟁 사회라고는 하지만, 주변에 지나치게 경쟁적인 사람들이 있습니다. 수험생활을 하다 보면 스터디 동료나 학교 동기들을 모두 경쟁자로 바라보게 되기도 합니다. 심지어는 '내가 다른 사람을 짓밟고 가야만 내가 성공할 수 있다'는 극단적인 생각에 빠지기도 합니다. 하지만 이러한 시각은 오히려 자신의 성장과 발전을 저해할 수 있습니다.

건강한 경쟁은 서로를 자극하고, 함께 성장할 수 있는 기회를 만들어줍니다. 마라톤을 할 때도 혼자 달리면 중간에 포기하기 쉽지만, 여럿이서 같이 경쟁하며 달리면 완주하고 더 좋은 성적을 낼 수 있는 이치와 같습니다. 공부도 마찬가지로, 건강한 경쟁 속에서 더 높이 나아갈 수 있습니다.

선의의 경쟁을 하기 바랍니다. 만약 같이 공부한 친구가 먼저 합격했을 때, '아, 나는 이번에 꼭 합격하겠다'라는 좋은 생각을 갖고 선의의 경쟁을 하면 그 사람도 좋고 본인도 좋은 원윈(Win-Win) 상황이 펼쳐질 수 있습니다.

악의를 가지면 안 됩니다. 심지어 어떤 사람은 다른 사람을 합격하지 못하게 다른 사람의 공부를 방해한다든지, 그 사람이 정리한 노트나 책을 훔치는 경우도 있죠.

그런데 한번 생각해 보세요. 시험이라는 게 한두 명만 합격하는 것이 아닙니다. 보통 수백 명, 수천 명이 합격합니다. 특정 경쟁자를 떨어뜨린다고 해도 본인이 합격한다는 보장은 없습니다. 나쁜 마음을 먹으면 오히려 계속 신경이 쓰이고, 결국 본인한테도 굉장히 좋지 않은 영향을 주게 됩니다.

따라서 경쟁자들 모두가 열심히 하면 함께 합격할 수 있다는 생각을 가지는 것이 필요합니다. 건강한 경쟁은 긍정적인 효과를 가져올 수 있습니다.

★ 선한 영향력의 나비효과

내가 긍정적으로 생각하고 다른 사람에게 선의를 베풀면 그 사람도 나에게 호감을 갖고 서로 긍정적인 효과를 미치게 됩니다.

저는 스터디 리더를 맡아 스터디 동료들에게 여러 가지 편의를 제공했습니다. 제가 공부한 것들도 다른 멤버들에게 아낌없이 알려줬죠. 특별히 뭔가를 바란 것은 아니었지만, 저의 공부법을 전하고 알리니 다른 사람들도 자신의 공부 방법, 노하우를 알려주고 귀한 자료도 공유하게 되었습니다.

결국 저도 다른 사람을 돕고, 다른 사람도 저를 돕고, 서로 윈윈할 수 있었던 것입니다. 그래서 실제로 저와 함께 스터디 동료 상당수가 합격했습니다. **이렇게 선한 영향력은 나비효과가 되어 좋은 시너지 효과를 주고 결국에는 모두를 좋은 방향으로 이끕니다.**

★ 부정적인 마인드셋

반대로 항상 부정적이고 불평불만이 많고 네거티브한 사람들도 있습니다. 그들은 항상 불평하고 결과가 좋지 않으면 항상 남 탓을 합니다. 다른 사람이 호의를 베풀어도 고마워하지 않고 다른 사람 탓을 하고 비난을 합니다. 시험에 불합격하거나 공부가 잘 되지 않으면 이 핑계 저 핑계, 항상 핑계가 많습니다. '내가 이래서 안 된다 저래서 안 된다' 항상 부정적인 생각을 하고 말을 하는 사람들입니다.

그런 사람들은 결과적으로 보면 실력은 있을지 몰라도 결국에는 합격에서 멀어집니다. 부정적인 마인드셋은 본인에게도, 다른 사람에게도 나쁜 영향을 미칩니다.

★ 결과보다 과정

학습의 여정에서 가장 중요한 것은 단순히 시험에 합격하거나 자격증을 취득하는 결과만이 아닙니다. 물론 합격이라는 목표는 중요하지만 그 과정에서 쌓이는 역량과 경험이 진정한 가치입니다. 수단과 방법을 가리지 않고 합격하는 것보다, 충분한 역량을 갖추고 당당하게 합격하는 것이 진정한 성공이라고 할 수 있습니다.

저는 미국변호사 시험을 준비할 때 이러한 마음가짐의 중요성을 깨달았습니다. 나이가 꽤 든 상태에서 시험을 준비하던 시절, 시험장에서 숙소까지 거리가 꽤 멀었습니다. 단 10분이라도 아끼기 위해 녹음된 학습 파일을 들으며 달렸던 기억이 납니다. 그렇게 달리면서 문득 생각했습니다. '와, 이 나이에 이렇게 열심히 공부하고 달리는 모습이 얼마나 아름다운가. 만약 먼 미래에 나를 돌아본다면, 정말 행복할 것 같다. 최선을 다했으니까'라고 말이죠.

이처럼 시험을 준비하는 과정 자체가 성장의 과정이며 소중한 시간입니다. 이런 마음가짐으로 임하면 시험 준비의 어려움도 쉽게 견딜 수 있습니다. 순간 자체가 의미 있다고 생각하면, 그것은 정말 의미 있고 가치 있는 경험이 됩니다.

★ 학습 과정에서 찾는 기쁨

학습 과정에서 작은 성취의 기쁨을 찾는 것도 중요합니다. 복잡한 개념을 이해할 때, 어려운 문제를 해결할 때, 또는 새로운 통찰을 얻었을 때의 희열은 합격의 기쁨에 못지않게 가치 있습니다.

또한 학습 과정에서 만나는 사람들과의 인연도 소중한 자산입니다. 저도 같은 목표를 향해 함께 노력하는 스터디 동료들과의 유대감, 선배나 멘토로부터 받는 조언과 격려가 큰 도움이 되었습니다. 때로는 경쟁자로부터 배우는 값진 교훈들이 학습 여정을 풍요롭게 만듭니다.

이렇게 과정 자체에서 의미를 찾고 기쁨을 느낄 때 우리는 단순한 지식 습득을 넘어 진정한 성장과 발전을 이룰 수 있습니다.

슬럼프를 극복하는
학습의 비밀

★ 슬럼프의 메커니즘

슬럼프(Slump)라는 단어를 들을 때 대부분의 사람들은 부정적인 감정을 떠올립니다. 하지만 슬럼프는 우리 뇌가 정보를 정리하고 새로운 패턴을 형성하는 자연스러운 과정입니다. 마치 컴퓨터가 업데이트를 위해 잠시 재부팅하는 것처럼 우리의 학습 시스템도 더 나은 성능을 위해 주기적인 휴식과 재정비의 시간을 필요로 합니다.

슬럼프는 감기와 같습니다. 감기는 몸을 아프게 하고, 슬럼프는 마음을 힘들게 합니다. 하지만 감기에 나으면 우리 몸의 면역 체계가 강화되듯이 슬럼프를 겪고 나면 우리의 정신적 회복탄력성이 강화됩니다. 이런 관점에서 보면 슬럼프는 우리에게 찾아오는 '성장의 촉진제'입니다.

많은 수험생들이 슬럼프를 피해야 할 적으로 생각하지만, 실제로는 완전히 피할 수 없는 자연스러운 현상입니다. 중요한 것은 슬럼프의 활용법입니다. 슬럼프를 적으로 여기며 무리하게 밀어붙이려 하면 오히려 더 깊은 늪에 빠질 수 있지만, 자연스러운 과정으로 받아들이고 지혜롭게 대처하면 성장의 발판으로 만들 수 있습니다.

★ 슬럼프의 다양한 원인들

수험생들에게 찾아오는 슬럼프을 살펴보면 몇 가지 공통적인 패턴을 발견할 수 있습니다.

첫째, 과도한 학습 부하입니다. 너무 오랫동안 집중해서 공부하다 보면 뇌가 정보 처리 능력의 한계에 도달하게 됩니다. 저도 수험생활 중 너무 무리해서 공부만 하다가 슬럼프가 온 적이 있습니다.

둘째, 스트레스의 누적입니다. 시험에 대한 압박감, 주변의 기대, 미래에 대한 불안 등 스트레스가 서서히 쌓이다 보면 어느 순간 임계점을 넘어서게 됩니다. 저는 사법시험 불합격 소식을 들은 직후 슬럼프를 겪었습니다.

셋째, 생활리듬의 불균형입니다. 불규칙한 수면 패턴, 부적절한 식습관, 운동 부족 등이 복합적으로 작용하여 신체적·정신적 컨디션이 저하되어 슬럼프가 찾아오기 쉽습니다.

넷째, 동기의 저하입니다. 처음에는 강했던 목표 의식이 시간이 지나면서 흐려지거나, 예상보다 어려운 현실에 부딪혀 의욕이 떨어질 때 슬럼프를 겪을 수 있습니다. 저도 사법시험 첫 모의고사를 본 직후 처참한 점수에 충격을 받고 슬럼프를 겪었습니다.

★ 과목 선택 전략

슬럼프가 올 때는 과목 선택도 신중해야 합니다. 모든 과목을 모두 완벽히 정복하려다 오히려 스트레스만 커질 수 있습니다. 자신의 상태에 맞게 과목을 선택해서 공부하는 것이 더 효과적입니다.

슬럼프 시기에는 자신이 가장 좋아하고 자신 있는 과목부터 시작하는 편이 좋습니다. 성취감을 느끼면서 자신감을 회복할 수 있기 때문입니다. 또한 너무 복잡하고 어려운 이론보다는 단순 암기나 문제 풀이 위주의 학습이 부담이 적습니다.

반대로 완전히 새로운 과목을 시작하거나 가장 어려워하는 과목에 도전하는 것은 피해야 합니다. 이런 과목들은 컨디션이 최상일 때 해야 효과적이고, 슬럼프 상태에서 무리하면 오히려 더 깊은 좌절감을 느낄 수 있습니다.

★ 문제 풀이 전략

슬럼프일 때는 문제 풀이 전략도 조정해야 합니다. 평소보다 어려운 문제에 도전하기보다는 확실하게 풀 수 있는 문제를 위주로 연습하는 것이 좋습니다. 어려운 문제를 풀다가 막히면 좌절감이 커지고 슬럼프가 더 길어집니다.

모의고사를 볼 때도 마찬가지입니다. 최고 난이도보다는 중간 정도 난이도의 모의고사를 선택하면 좋습니다. 점수가 잘 나오면 자신감이 회복되고, 다시 어려운 문제에 도전할 의욕도 생깁니다.

문제를 풀다가 막히는 부분이 있으면 너무 오래 매달리지 말고 적당한 선에서 답을 확인하는 것도 좋은 방법입니다. 슬럼프 상태에서는 사고력이나 집중력이 평소보다 떨어져 있기 때문에 무리하게 끝까지 풀려고 하면 오히려 시간만 낭비하게 됩니다.

시기별 슬럼프 대처법
: 타이밍이 모든 걸 결정한다

슬럼프의 성격과 대처법은 시험까지 남은 기간에 따라 완전히 달라집니다. 마치 계절이 바뀌면서 날씨가 변하듯이 시험이 가까워질수록 슬럼프의 원인과 증상도 변화합니다. 이를 이해하고 자신의 상황을 고려하여 적절한 대응을 하는 것이 성공적인 슬럼프 극복의 핵심입니다. 이런 차이를 이해하지 못하고 모든 슬럼프를 똑같이 대처하려 하면 오히려 상황을 악화시킬 수 있습니다.

예를 들어, 시험까지 오래 남았을 때는 충분한 휴식과 재충전이 필요하지만 시험이 임박했을 때 같은 방식으로 대처하면 시간만 낭비하고 불안감만 커질 수 있습니다. 따라서 현재 자신이 어떤 단계에 있는지 정확히 파악하고, 그에 맞는 전략을 선택하는 지혜가 필요합니다.

★ 시험 1년 전
: 여유로운 재충전의 시간

시험까지 1년 이상 여유가 있을 때 찾아오는 슬럼프는 어떤 면에서는 축복입니다. 이때는 충분히 쉬어도 되고, 근본적인 문제들을 해결할 시간적 여유가 있기 때문입니다. 이 시기의 슬럼프는 주로 장기간의 학습으로 인한 피로나 계속되는 불합격, 목표 의식의 흐려짐에서 비롯됩니다. 처음에는 강했던 동기가 일상의 반복 속에서 서서히 약해지거나, 너무 먼 미래의 목표라서 현실감이 떨어져 의욕이 저하되는 경우가 많습니다.

이런 상황에서는 과감하게 충분한 휴식을 취하는 것이 가장 좋은 대처법입니다. 며칠이 아니라 몇 주 동안이라도 자신을 재충전하는 시간을 가져야 합니다. 여행을 가거나, 새로운 취미를 시작해 보는 것도 좋습니다. 중요한 것은 공부와 완전히 단절하지 않고 공부에 도움이 되는 방법으로 새로운 에너지를 충전하는 것입니다.

또한 이 시기에 자신의 공부 방법이나 목표를 재점검할 좋은 기회이기도 합니다. 슬럼프가 온 근본적인 원인이 무엇인지 차분히 분석해 보고, 필요하다면 학습 방법을 수정하거나 목표를 재설정할 수도 있습니다. 너무 무리한 계획을 세웠거나, 자신에게 맞지 않는 공부 방법을 고집했기 때문에 슬럼프가 온 경우도 있습니다. 이런 문제들을 이 시기에 해결해 두면 나중에 더 효율적인 학습이 가능합니다.

★ 시험 6개월 전
: 적당한 휴식과 재정비의 시간

시험까지 6개월 정도 남았을 때는 완전한 휴식보다는 적당한 페이스 조절이 필요합니다. 이 시기의 슬럼프는 주로 정체된 느낌이나 중간 목표 달성의 부담감에서 비롯됩니다. 어느 정도 공부가 진행되었지만 아직 확실한 수준에 도달하지 못한 애매한 상황에서 불안감이 증폭되어 슬럼프가 찾아오는 경우가 많습니다.

만약 슬럼프가 찾아온 경우 공부 시간을 평소보다 10~20% 정도로 줄이되, 완전히 멈추지는 않는 것이 좋습니다. 며칠이라도 완전히 공부를 그만두면 실력이 크게 저하될 수 있기 때문에 슬럼프가 찾아와도 공부의 끈을 완전히 놓아서는 안 됩니다.

대신 남은 시간에는 가벼운 운동이나 산책, 독서 등 스트레스를 해소할 수 있는 활동들을 하면서 컨디션을 회복해야 합니다. 특히 규칙적인 운동은 뇌의 혈류량을 증가시켜 학습 능력 향상에 도움이 됩니다. 또한 이 시기에는 학습 환경을 바꿔보는 것도 효과적입니다. 평소 집에서만 공부했다면 도서관이나 카페에서 공부해 보고, 혼자서만 공부했다면 스터디 그룹에 참여해 봐도 좋습니다.

저도 이 시기에는 집, 독서실, 사무실, 카페 등 다양한 장소를 이용하여 공부했고 가족, 친구, AI를 활용한 설명 학습법, 스터디 참석 등 다양한 방법으로 슬럼프를 극복했습니다.

★ 시험 3개월 전
: 규칙적인 생활이 슬럼프를 이긴다

시험이 3개월 앞으로 다가오면 대부분의 수험생은 마음속에 알 수 없는 불안을 느끼기 시작합니다. 아직 시간이 남아 있다는 생각과 함께, '이제 정말 준비를 끝내야 할 시점이구나'라는 압박이 공존하게 됩니다. 이때 오는 슬럼프는 결코 이상한 것이 아닙니다. 오히려 시험이 현실로 다가왔다는 증거이며 이 시기를 어떻게 관리하느냐가 이후 1~2개월의 성과를 결정합니다. 절대로 공부를 중단하면 안 되고 공부의 흐름을 계속 유지하면서 규칙적인 생활리듬을 만들어야 합니다. 기상 시간, 공부 시작 시간, 식사 시간, 운동 시간, 취침 시간까지 정한 패턴에 맞춰 살아가는 것이 필요합니다. 특히 이 기간에는 시험 당일 시간표와 동일하게 공부하면 좋습니다. 수험생의 몸과 뇌는 일정한 리듬에 맞춰 학습 능력을 극대화하기 때문에, 시험 시간표에 맞춘 일관된 생활이 학습 효율을 끌어올리는 데 결정적인 역할을 합니다.

특히 수면 패턴은 이 시기의 핵심 관리 요소입니다. 아무리 열심히 공부해도 수면이 불규칙하거나 부족하면 집중력과 기억력이 급격히 저하됩니다. 매일 같은 시간에 잠자리에 들고, 같은 시간에 기상하는 습관을 들이되, 늦게 자고 늦게 일어나는 생활은 피하는 게 좋습니다. 하루 7~8시간 정도의 숙면은 뇌를 회복시키고 감정적인 불안도 줄여줍니다.

이 시기에는 새로운 내용을 무리하게 학습하며 분량을 늘려가기 보다는 기존에 익힌 개념을 정리하고 체계화하는 데 집중해야 합니다. 새롭고 낯선 정보를 이 시점에 무리해서 넣으려다 보면 기존에 잘 정리되었던 지식까지 흔들리고 심리적으로도 불안해집니다. 오히려 지금은 '내가 이미 아는 것들을 더 정확하게, 더 빠르게, 더 자신 있게 정리하는 시기'입니다. 직접 정리한 기본서나 서브노트를 중심으로 공부하고, 오답노트를 활용하거나 자주 틀렸던 문제 유형을 집중 공략하면서 실수를 줄이는 데 집중하는 것이 좋습니다.

이 시기에 슬럼프가 찾아오면 주말 반나절 정도 쉬면서 슬럼프를 관리했습니다. 가벼운 산책을 하거나 근사한 식당에서 식사를 하거나 스터디 동료들과 차를 마시며 담소하는 방법으로 슬럼프를 예방했습니다.

★ 시험 1개월 전
: 무리한 스퍼트보다 '지속 가능한 집중'이 관건이다

시험이 1개월 앞으로 다가오면 슬럼프는 또 다른 얼굴로 찾아옵니다. '막판 스퍼트를 올리자!'는 결심은 좋지만, 무리한 공부가 오히려 컨디션 저하로 이어지는 경우가 많습니다. 마라톤 경주로 치면 마지막 구간에서 무리하게 페이스를 올렸다가 근육이 경직되어 도리어 완주하지 못하는 상황과 비슷합니다.

이 시기의 슬럼프는 '불안'에서 비롯됩니다. '혹시 내가 잘못된 방식으로 공부한 건 아닐까', '아직도 완벽하지 못한 부분이 많은데'라는 불안이 머리를 지배하면, 과도한 학습량이나 수면 부족, 식사 소홀 등으로 이어지며 악순환에 빠지기 쉽습니다.

이 시점에서 가장 중요한 전략은 '지속 가능한 집중'입니다. 지금부터는 자신에게 가장 적합한 패턴을 유지하면서, 시험 당일의 컨디션을 최상으로 만드는 데 모든 노력을 다해야 합니다. 자료의 분량은 절대로 늘리지 말고 반복 위주로 공부해야 합니다.

또한 시험과 같은 환경을 미리 경험해 보는 실전 모의고사 시뮬레이션도 중요합니다. 예를 들어 실제 시험 시간에 맞춰 똑같은 시간에 앉아 모의고사를 풀어보고, 답안지를 직접 작성해 보는 연습을 자주 해야 합니다. 그래야 시험 당일 낯선 환경에서도 당황하지 않고 자신의 실력을 그대로 발휘할 수 있습니다.

그리고 무엇보다 중요한 것은 자기 자신에 대한 믿음입니다. 불안한 마음에 시험을 포기하거나 다음 기회로 연기하는 경우가 많은데 응시 횟수가 제한된 시험인 경우에는 현재 자신의 실력을 냉철하게 분석하고, 합격의 가능성이 없다면 다음 기회로 미룰 수 있습니다. 그러나 응시 횟수의 제한이 없는 시험이라면 실력이 조금 부족하게 느껴져도 절대로 포기하지 않고 매진하여 실제로 시험을 치르는 것이 중요합니다.

수험생에게 이 시기에 찾아오는 슬럼프는 위험합니다. 제 주변에서도 이쯤 포기하는 사람들을 여럿 보았습니다. 하지만 이 시기에 가장 열심히 공부할 수 있고 실력이 최고조로 오를 수 있습니다. 설령 시험에 불합격하더라도 실력이 놀랍게 향상되었으므로 차기 시험에 합격할 수 있는 발판이 됩니다.

★ 시험 일주일 전
: 마음의 평정 찾기

시험 일주일 전에 오는 슬럼프는 주로 극도의 긴장감과 불안에서 비롯됩니다. '드디어 시험이구나' 하는 현실감과 함께 '만약 떨어지면 어떻게 하지?' 하는 두려움이 동시에 몰려오면서 심리적 압박이 최고조에 달합니다. 그래서 이 시기에 시험을 포기하는 사람들도 많습니다.

그러나 합격의 가능성이 없다면 모를까 합격의 가능성이 있다면 일주일 남기고 시험을 포기해서는 안 됩니다. 이때 시험을 포기하면 결국 시험 날짜까지 최선을 다하지 않게 되며 다음 시험에 합격한다는 보장이 없습니다. 설령 이번 시험에서 합격하지 못하더라도 끝까지 최선을 다한다면 다음 시험에서 합격할 가능성이 높아지게 됩니다.

그러므로 이 시기에는 마음의 안정을 찾는 것이 더 중요합니다. 일주일 만에 실력이 크게 늘지는 않겠지만, 그래도 최선을 다해 공부한 내용을 잘 정리하며 실력을 유지해야 합니다. 자칫 컨디션 관리를 잘못하면 그동안 쌓아온 실력도 제대로 발휘하지 못할 수 있습니다.

특히 이 시기에는 절대로 새로운 내용의 자료를 추가하지 마세요. 대신 지금까지 정리한 노트를 가볍게 훑어보거나, 중요한 개념들을 다시 한번 점검하는 정도로 충분합니다. 모르는 내용이 나와도 당황하지 말고, '이 정도면 충분히 잘 준비했다'는 마음으로 자신감을 유지하는 것이 더 중요합니다. 또한 시험장 환경에 미리 적응하는 것도 도움이 됩니다. 앞서 적은 대로 시험 시간에 맞춰 생활 패턴을 조정하고, 시험 당일 먹을 음식들을 미리 준비해 먹어보고, 시험장까지 가는 경로를 실제로 가보면서 소요 시간을 체크해 두면 좋습니다.

마라톤을 완주하는 스트레스 관리법

★ 음악 사용법

공부에 지치고 마음이 무기력할 때, 우리는 종종 말이 아닌 다른 방식으로 위로 받고 싶어집니다. 그럴 때 조용히 귓가에 스며드는 음악은 놀라울 만큼 강력한 치유의 힘을 발휘합니다. 음악은 혼자 슬럼프를 이겨내는 데 있어 따뜻하고 조용한 친구가 되어줍니다.

★ **귀벌레 주의**

그런데 음악을 들을 때 반드시 짚고 넘어가야 할 중요한 사항이 있습니다. 바로 '귀벌레 현상(EarWorm)'인데, 특정 노래나 멜로디가 머릿속에서 계속 반복되는 현상입니다. 공부에 집중해야 할 때 이런 현상이 일어나면 학습 효율이 크게 떨어집니다.

이런 노래를 두고 '수능 금지곡'이라는 별명을 붙이기도 했죠. "Tell me, tell me, te-te-te-te-te-tell me~"와 같은 후렴구가 시험 당일 머릿속에서 무한 반복된다면 어떨까요? 정말로 집중력을 잡아먹는 무서운 일이 벌어집니다.

저 역시 평소 좋아하던 노래를 들으며 공부했는데, 그 멜로디와 가사가 머릿속에 각인되어 암기 시간에도 계속해서 떠올랐습니다. 심지어 한 번은 식당에서 식사를 하는데 익숙한 가요가 나오길래 별 신경 쓰지 않고 식사를 했는데 집에 돌아와도 그 가사와 멜로디가 적게는 몇 시간, 길게는 일주일 동안 머릿속을 떠나지 않아 집중하기 어려웠던 경험이 있습니다. 아무리 마음이 진정되더라도, 머릿속에서 노랫말 한 구절이 반복 재생되는 상황은 집중력에 큰 장애가 됩니다.

그래서 저는 그 이후로 가사가 있는 음악은 절대 듣지 않고, 가사가 없는 클래식, 피아노 연주곡, 비 내리는 소리 등 자연의 소리로 전환했습니다. 특히 시험이 가까워질수록 집중력 관리가 무엇보다 중요해지므로, 음악을 들을 때는 조심해야 합니다.

공부 중 음악이 필요 없는 순간도 있습니다. 완전한 몰입을 필요로 하는 문제 풀이, 기억 정리, 모의고사 시간에는 조용한 환경이 오히려 집중을 높일 수 있습니다. 음악은 나의 감정을 회복하고 동기부여를 주는 도구이지, 항상 켜두는 배경 음악은 아닙니다. **상황에 따라 켜고 끄는 '선택적 사용'이 진짜 음악 활용법입니다.**

★ 운동으로 몸과 마음 다스리기

많은 수험생들이 운동을 공부에 방해가 되는 활동으로 생각합니다. '운동할 시간에 한 문제라도 더 푸는 것이 낫다'고 여기는 경우가 많죠. 그러나 적절한 운동은 오히려 공부의 효율을 높이는 데 큰 도움이 됩니다. 신체 활동을 통해 분비되는 다양한 호르몬들은 뇌 기능을 활성화시키고, 기분을 안정시키며, 결국 학습의 지속성과 집중력을 향상시키는 데 긍정적인 영향을 미칩니다.

운동이 반드시 거창할 필요는 없습니다. 특별한 장비가 없어도, 헬스장을 이용하지 않아도 운동할 수 있는 방법은 많습니다. 가벼운 산책이나 조깅만으로도 머릿속이 정돈되는 효과를 느낄 수 있습니다. 일정한 리듬에 맞춰 몸을 움직이다 보면 어느새 사색의 시간으로 자연스럽게 전환되기도 합니다. 실제로 칸트나 반 고흐 등 많은 예술가와 학자가 산책을 중요하게 여겼다는 이야기는 유명하죠. 저 역시 공부 중 막히는 부분이 있을 때는 근처를 걸으며 생각을 정리하곤 했고, 그러는 동안 뜻밖의 좋은 해결책이 떠오르기도 했습니다.

저는 한때 10년 넘게 피트니스 센터를 등록해 매일 한두 시간씩 운동을 했습니다. 운동은 단순히 몸의 컨디션 관리를 넘어, 마음을 안정시키고 감정을 다스리는 데 큰 도움이 되었습니다. 운동을 마친 뒤 샤워를 하며 느끼는 개운함은 마치 마음속 짐을 덜어내는 듯했고, 그때 생긴 여유가 다시 공부에 집중할 수 있는 힘이 되었습니다.

그러나 수험생활 동안에는 헬스장에서 한두 시간 씩 운동하는 것이 부담이 되었고 피트니스 센터 이용을 중단했습니다. 왕복 시간을 고려하면 하루 두 시간 이상 소요되고 헬스장에서 만나는 사람들, 시끄러운 음악 등이 학습에 방해가 될 수 있다고 판단했기 때문입니다.

그래서 집 근처를 산책하거나 가볍게 조깅을 하고, 집 안에서 간단하게 운동하는 방식으로 바꿨는데, 결과적으로는 훨씬 좋은 선택이었습니다. 이동 시간과 불필요한 에너지를 줄일 수 있었고, 공부와 운동의 균형을 보다 효과적으로 맞출 수 있었습니다.

휴식도 학습의 일부다

★ 산책 공부법

하루 종일 공부에 몰두해도 저에게는 절대 포기할 수 없는 한 시간이 있었습니다. 바로 저녁 식사 후 산책 시간이었습니다. 이 시간만큼은 그 누구도, 그 어떤 일정도 침범할 수 없는 저만의 시간이었습니다. 산책을 하면서도 휴대폰에 녹음된 학습 파일을 들으며 산책했습니다.

슬럼프 예방과 효율적인 공부를 위해 산책을 적극 추천합니다. 처음에는 '이 시간이면 문제집 몇 페이지는 더 풀 수 있는데'

하는 생각도 들었습니다. 하지만 30분에서 1시간의 산책이 가져다주는 놀라운 효과를 경험하고 생각이 완전히 바뀌었습니다.

산책을 시작하고 10분 정도 지나면, 하루 동안 머릿속에 무질서하게 쌓여 있던 정보들이 저절로 정리되기 시작합니다. 특히 암기 과목의 경우, 산책을 하면서 그날 외운 내용을 중얼중얼 되뇌어보면 훨씬 오래 기억에 남았습니다. 발걸음의 리듬과 함께 떠올린 정보들은 마치 음악의 멜로디처럼 머릿속에 각인됩니다.

"쉬면서 공부한다고? 그게 무슨 휴식이야!" 많은 사람들이 제 학습법을 들으면 이렇게 반응합니다. 어떤 이들은 "그건 휴식이 아니라 고생 아니야?"라고 말하기도 합니다. 하지만 저는 결국 한국에서 가장 어렵다는 사법시험과 미국에서 가장 어렵다는 미국 캘리포니아 변호사 시험에 모두 합격할 수 있었습니다.

휴식과 학습을 대립 관계가 아닌 상호 보완 관계로 만들어야 합니다. 몸과 마음은 쉬면서도 뇌는 계속 학습하게 하는 것이 바로 저만의 특별한 비법이었습니다.

★ 마음의 복습실

50분 공부 후 갖는 10분 휴식 시간, 제게는 이 시간이 단순한 쉬는 시간이 아니었습니다. 이 시간을 '마음의 복습실'이라고 불렀습니다. 책을 덮고 의자에서 일어나 창가로 걸어가면서, 방금 전 1시간 동안 공부한 내용을 머릿속에서 차례대로 떠올려 봤습니다. 마치 영화의 명장면들을 다시 보는 것처럼, 중요한 개념들과 핵심 내용들을 머릿속에서 재생해 봤습니다.

만약 어떤 내용이 선명하게 떠오르지 않는다면, 그 부분을 별도로 메모해 둡니다. 그리고 공부를 시작할 때 가장 먼저 그 부분을 다시 살펴봅니다. 이렇게 하면 자신이 부족한 부분을 즉시 파악하고 보완할 수 있습니다.

이런 방식으로 복습한 내용들이 훨씬 오래 기억에 남습니다. 단순히 책을 보며 외운 것과 머릿속에서 재구성한 것 사이에는 엄청난 차이가 있습니다.

디지털 시대의 함정 벗어나기

★ 알고리즘의 유혹

현대 수험생들이 직면한 가장 큰 적은 단연 유튜브와 넷플릭스입니다. '잠깐 쉬었다 하자'는 마음으로 켠 유튜브는 절대 잠깐으로 끝나지 않습니다. 알고리즘은 사용자의 취향을 정확히 파악하여 끊임없이 다음 영상을 추천하고, 자동 재생 기능은 의지를 무력하게 만듭니다.

어느 날 저녁, 공부에 지친 저는 '10분만 유튜브를 보자'고 생각하며 노트북을 켰습니다. 처음에는 가벼운 음악 영상을 보려고 했지만 옆에 뜬 추천 영상이 눈에 들어왔고, 그것을 클릭하는 순간 끝없는 유튜브 여행이 시작되었습니다. 정신을 차려보니 새벽 두 시, 무려 네 시간이 증발해 버렸습니다.

넷플릭스도 마찬가지였습니다. '한 편만 보고 자야지' 하고 시작한 드라마는 절대 한 편에서 끝나지 않았습니다. 특히 드라마들의 다음 회가 궁금하도록 만드는 결말은 '다음 한 편만 더' 하는 유혹을 뿌리치기 어렵게 만들었습니다. 그렇게 밤을 새우고 나면 다음 날은 완전히 망가졌고, 일주일 치 학습 계획이 모두 어그러졌습니다. 결국 저는 넷플릭스 계정을 삭제했습니다. 처음 며칠은 금단 증상이 온 듯 힘들었습니다. 공부하다가도 자꾸만 영상을 보고 싶은 충동이 일어났고, 특히 스트레스 받을 때는 더 생각났습니다. 하지만 일주일이 지나자 놀라운 변화가 일어났습니다. 집중력이 현저히 향상되었고, 순공 시간이 자연스럽게 늘어났으며, 무엇보다 마음이 평온해졌습니다.

★ 디지털 판도라의 상자

끊임없이 울려대는 알림음, 번쩍이는 화면, 손가락 하나로 접근 가능한 무한한 콘텐츠의 세계. 이 모든 것이 우리의 집중력을 산산조각 내는 강력한 파괴력을 지니고 있습니다. **현대 사회**

에서 스마트폰은 반드시 필요한 도구이면서 동시에 가장 위험한 방해물이기도 합니다.

제가 사용한 단순하면서도 효과적인 해결책은 공부 시간 동안 스마트폰을 작은 상자에 넣어 시야에서 완전히 차단하는 것이었습니다. 화면의 불빛이나 진동조차도 주의를 분산시키기에 충분했기 때문에 단순히 무음 모드로 전환하는 것만으로는 충분하지 않았습니다. 50분 집중 학습 후 10분 휴식하는 뽀모도로 기법을 적용하여, 휴식 시간에 '마음의 복습실'에 다녀온 이후 상자를 열고 필요한 연락을 확인하는 규칙을 철저히 지켰습니다.

이러한 물리적 차단은 놀라운 효과를 발휘했습니다. 처음에는 불안하고 초조했지만, 며칠이 지나자 오히려 스마트폰이 없는 상태가 더 편안하게 느껴졌습니다. 정말로 긴급한 연락도 50분 정도는 충분히 기다릴 수 있다는 현실적 판단도 이러한 실천을 가능하게 했습니다. 결과적으로 이 간단한 방법 하나만으로도 일일 학습 효율이 거의 두 배로 향상되었습니다.

★ 영상은 도구일 뿐

유튜브 같은 영상 매체는 공부나 학습에 도움이 될 수도 있는 도구이지만 동시에 집중을 흐트러뜨리는 방해 요소가 될 수도 있습니다. 그러므로 영상을 활용할 때에는 명확한 기준과 절제가 필요합니다. 아무리 유익한 영상이라 하더라도, 그것이 과하면 오히려 독이 됩니다.

저도 한때 영상 콘텐츠에 빠진 적이 있었습니다. 처음에는 공부와 관련된 좋은 영상들을 시청했는데 어느 순간부터는 재미와 흥미 위주의 영상만 계속 보고 책은 아예 펼치지 않게 되었죠. 이는 영상이 가진 시청각적 자극이 너무 강하기 때문입니다. 영상은 재미 있고 흥미로우며 피로감도 덜하지만 집중력, 독해력을 저하시킬 수 있습니다.

그래서 저는 스스로 명확한 규칙을 정했습니다. '수험 기간 중 유튜브 영상은 아무리 학습과 관련된 영상이라고 해도 하루 한 시간만 허용한다.' 이 기준은 영상 중독으로부터 자신을 보호하면서도, 유튜브의 장점을 최대한 활용하기 위한 타협점이었습니다. 물론 학습 목적이 뚜렷한 짧은 영상이라면 한 시간 이내라도 충분히 의미 있고 효과적입니다.

이 글을 읽는 모든 독자분께 영상 학습의 가능성을 적극적으로 탐험해 보시기를 권합니다. 다만, 그 과정에서 다음 몇 가지를 항상 기억해 주시기 바랍니다.

첫째, 영상은 도구일 뿐입니다. 아무리 훌륭한 도구라도 사용하는 사람의 의지와 노력 없이는 아무 소용이 없습니다. 영상을 통해 얻은 영감과 정보를 바탕으로 더 깊이 있는 학습을 계속해

나가야 합니다.

둘째, 균형을 잃지 마세요. 영상 학습과 전통적 학습, 개인 학습과 집단 학습 사이의 균형을 잘 맞춰야 합니다. 어느 한쪽에 치우치면 학습의 효과가 반감됩니다.

셋째, 비판적 사고를 잃지 마세요. 인터넷에는 좋은 콘텐츠만큼이나 잘못된 정보도 많습니다. 모든 정보를 무조건 받아들이지 말고, 항상 비판적으로 검토하며 여러 출처를 확인하는 습관을 기르세요.

넷째, 나만의 학습법을 개발하세요. 제 경험과 방법론이 모든 사람에게 맞는 것은 아닙니다. 이 글에서 제시한 전략들을 참고하되, 자신의 성향과 목표에 맞게 변형하고 발전시켜 나가시기 바랍니다.

마지막으로, 학습의 즐거움을 잃지 마세요. 공부는 때로 힘들고 지루할 수 있지만, 새로운 것을 알아가는 기쁨과 성장하는 뿌듯함은 인생의 가장 큰 보람 중 하나입니다.

정리의 기술
: 합격을 위한 정리법

★ 책상 정리의 미학
: 시각적 안정감이 주는 힘

'책상 정리, 집안 정리, 방 정리가 학습 효과에 좋다.' 저는 공부를 시작하기 전, 10분간 책상 등 주변 환경 정리로 하루를 시작했습니다. 이는 단순한 청소가 아니라, 마음을 정돈하고 공부 모드로 전환하는 중요한 의식이었습니다.

자료가 많아질수록 정리가 어려웠습니다. 책과 노트, 문제집이 쌓이면서 책상은 점점 전쟁터가 되어갔습니다. 어지러운 책상은 어지러운 마음을 반영합니다.

그래서 체계적인 정리 시스템을 만들었습니다. 책상 위에는 오직 그날 공부할 자료만 올려놓는 '원 데이 원 데스크' 원칙을 세웠습니다. 나머지는 모두 책장과 서랍에 과목별, 진도별로 정리했습니다.

★ 디지털 자료의 체계화
: 21세기형 정리의 기술

한국 사법시험은 종이 자료로 공부했지만, 미국변호사 시험은 PDF 파일, 워드 문서, 파워포인트 등 대부분의 자료가 디지털이었습니다. 처음에는 이 모두가 하나의 폴더에 뒤섞여 있었습니다. 모르는 개념을 찾는데 30분이나 걸렸죠. 파일명도 제각각이고, 어디에 저장했는지도 기억나지 않았습니다. 디지털 시대에도 정리는 필수입니다.

★ 인간관계의 정리
: 성공을 위한 선택적 거리두기

우리 인생에서 부정적인 인간관계는 반드시 정리해야 합니다. 특히 수험생은 긍정적인 영향을 주는 사람들만 남겨야 합니다.

함께 사법시험을 준비하던 선배가 있었습니다. 그는 항상 부정적이었습니다. 만날 때마다 불평불만을 늘어놓고, 제 꿈을 응원하기보다는 의문을 던지는 쪽에 가까웠습니다. 그에게 "네가 사법시험에 나보다 먼저 합격할 것 같아?"라는 말을 들을 때마다 자신감이 떨어졌습니다.

그 사람과 거리를 두기로 했습니다. 연락을 줄이고, 만남을 피했습니다. 처음에는 미안한 마음도 들었지만, 시간이 지나면서 마음이 훨씬 가벼워졌습니다. 부정적인 에너지에서 벗어나니 공부에 더 집중할 수 있었습니다.

만약 그 사람에게 계속해서 부정적인 영향을 받는다면 함께 있을 필요가 없습니다. 수험생활 중 인간관계를 정리하는 것은 정말 중요하다고 생각합니다.

★ 시험장에서 빛을 발하는 정리의 힘

시험장에서 문제를 보는 순간, 머릿속에서 서브노트의 견출지가 펼쳐졌습니다. 빨간색 견출지의 핵심 쟁점, 파란색의 반대 논리, 초록색의 근거 조문…… 이 모든 것이 자연스럽게 떠올랐습니다. 답안지에는 체계적으로 정리된 지식이 논리적으로 흘러나왔습니다.

이것이 바로 정리의 힘입니다. **정리된 자료는 정돈된 사고를 만들고, 정돈된 사고는 명확한 답안을 만듭니다.** 시험관은 이런 답안을 높이 평가할 수밖에 없습니다.

제3의 뇌
AI와의 첫 만남

제가 한국 사법시험을 공부하던 시기에 영화에서만 상상하던 인공지능이 현실이 되었습니다. 그리고 제가 미국변호사 시험을 준비하던 시기에는 챗GPT 같은 AI 도구들이 이제 막 사용되기 시작했고, 저도 조심스럽게 활용해 보기 시작했습니다. 저 역시 처음에는 반신반의했지만, 점차 그 유용성을 깨닫게 되었죠.

AI를 활용하는 방식은 단순한 검색과는 달랐습니다. 복잡한 법률 개념을 쉬운 말로 설명해 달라고 요청하면 마치 친절한 선생님처럼 차근차근 설명해 주었습니다. 특히 인상적이었던 것은 같은 사안에 대해 원고 측 입장과 피고 측 입장을 번갈아 설명해 달라고 했을 때였습니다. AI는 각각의 관점에서 논리적인 주장을 펼쳤고, 이를 통해 법적 쟁점을 더욱 입체적으로 이해할 수 있었습니다.

구체적인 학습 방법은 다음과 같습니다. 먼저 AI에게 특정 개념을 설명해 달라고 요청합니다. 그 다음 "왜 그런가요?"라는 질문을 계속해서 던집니다. 각 답변에 대해 계속 "왜?"를 묻고 본인의 의견과 내용을 추가하여 대화를 이어 나가면 표면적 지식에서 근본 원리로 파고들게 됩니다. **이 과정에서 AI는 때로 모순된 답변을 하거나 순환 논리에 빠지는데, 바로 이 지점이 비판적 사고를 기르는 기회가 됩니다.** 특히 효과적이었던 것은 '역할 전환 학습법(Role Reversal Learning)'이었습니다. AI에게 학생 역할을 맡기고 제가 교사 역할을 맡아 설명하면 AI에게 날카로운 질문을 부탁해 제 이해의 빈틈을 찾아내도록 했습니다. 이런 방법을 통해 능동적 학습이 가능했습니다.

★ AI의 한계, 할루시네이션

AI 인공지능은 학습에 유용하지만 맹목적으로 믿는 것은 주의해야 합니다. 때때로 그럴듯하지만 틀린 정보를 제공하는 경우가 있었고, 이를 할루시네이션(Hallucination)이라고 부릅니다.

그래서 중요한 정보는 반드시 2~3개의 AI에게 교차 확인을 하고, 그래도 확실하지 않으면 구글이나 네이버 등 인터넷이나 다른 자료에서 추가로 확인했습니다. 또한 AI가 제공한 답변을 반드시 제 언어로 다시 정리했습니다. 이 과정에서 이해가 깊어졌고, 단순한 암기가 아닌 진정한 학습이 이루어졌습니다. 때로는 손으로 핵심 내용을 다시 써보기도 했습니다. 디지털과 아날로그의 결합은 강력한 힘을 발휘합니다.

★ 새로운 시대의 서막

AI와의 대화 학습은 제 공부법과 업무에서 전환점이 되었습니다. AI는 단순히 정보를 더 빨리 얻는 차원을 넘어, 혼자서 외롭게 공부하거나 일하던 시대에 학습과 업무의 든든한 동반자가 되어주고 있습니다. 돌이켜보면, AI는 단순한 수단이 아니라 학습 자체를 새로운 경험으로 바꾼 사건이었습니다.

앞으로의 세대는 더 이상 '독학'이라는 표현을 모르게 될지도 모릅니다. 책상 위의 펜과 노트, 그리고 언제든 대화를 나눌 수 있는 AI가 함께하는 풍경은 이미 새로운 시대의 익숙한 환경이 되었습니다. 이 책을 집필하는 과정에서도 디지털 자료와 인터넷 그리고 AI가 도움이 되었습니다.

최근 학습에 도움이 되는 다양한 AI 도구들이 등장하고 있습니다. 제가 추천하는 방법 중 하나는 이런 AI 도구들을 마이크로러닝과 결합하여 활용하는 것입니다. AI 도구들은 특히 요약과 정리 작업에 유용합니다. 복잡한 내용을 핵심 키워드로 정리할 때 AI가 큰 도움이 됩니다.

하지만 AI가 제공하는 내용을 그대로 받아들이지 않고, 반드시 자신의 이해를 바탕으로 검증하고 재구성하는 과정을 거쳐야 합니다. AI는 시작점을 제공할 뿐, 최종적인 학습은 여전히 학습자 본인의 몫입니다.

순공 시간을 늘리는
24시간 공부법

시험장에서 통하는 합격 노하우

매일 시험을 보는 사람처럼 살아라

★ 실제 시험과 유사한 환경에서 살아라

제가 강조하는 실전 시험 노하우는 '시험을 보는 사람처럼 행동하기'입니다. 단순히 열심히 공부하는 게 아니라 실제 시험과 최대한 유사한 패턴으로 생활하는 것을 말합니다.

합격하는 수험생과 그렇지 않은 수험생의 차이는 공부 시간이 아니라 생활 패턴에 있었습니다. 합격하는 사람은 시험 당일을 특별한 날로 만들지 않습니다. 오히려 시험 당일이 평소와 같은 하루가 되도록 만듭니다.

★ 마지막 한 달 사용법

　시험이 얼마 남지 않으면 누구나 불안해집니다. 모의고사 점수가 안 나와도, 아직 모르는 것이 많아 보여도 걱정하지 마십시오. 이때 찾아오는 가장 큰 유혹은 '이번은 포기하고 다음에 보자'는 생각입니다.

　저는 한국 사법시험과 미국변호사 시험 등 여러 시험에서 단 한 번도 포기한 적이 없습니다. **설령 실력이 부족하다고 느껴도 끝까지 최선을 다하고 시험장에 가서 시험을 치렀고, 그것이 최종 합격의 밑거름이 되었습니다.** 이번에 포기한다고 다음에 붙는다는 보장은 없습니다. 하지만 한 달 동안 최선을 다해 본다면, 설령 이번에 떨어지더라도 다음에 합격할 가능성은 훨씬 높아집니다.

　다만 응시 횟수에 제한이 있는 시험이라면 현재의 실력을 냉철하게 분석해야 합니다. 합격할 가능성이 없다면 과감히 응시를 다음으로 연기하는 것이 바람직합니다. 그러나 합격할 가능성이 있다고 판단되면 끝까지 포기하지 않고 노력해서 시험을 치르는 것이 좋겠습니다. 만약 4번의 응시 기회에서 설령 처음에는 불합격하더라도 다음시험에는 이번 시험장에서의 경험과 불합격한 원인을 분석하면 다음 시험에는 합격할 수 있습니다.

　이 시기에는 새로운 자료를 무리해서 추가하지 말고 기존 자료의 분량을 줄여가며 공부하세요. 이틀 전에는 약한 과목이나 마지막 과목을 집중적으로 보고, 전날에는 전 범위를 빠르게 훑으며 자신감을 키우는 게 좋습니다.

★ 시험 맞춤형 생체리듬

저는 한국 사법시험과 미국 캘리포니아 변호사 시험을 준비하며 늘 '시험이 특별하지 않게 만드는 연습'을 반복했습니다. 실제로 시험날과 똑같은 시간에 일어나고, 똑같은 장소에서, 시험 시간과 똑같은 방식으로 에세이와 객관식 문제를 풀었습니다.

수면 시간부터 철저히 관리했습니다. 실제 시험 전날 잠들 시간과 기상 시간에 맞춰 생활했습니다. 식사 시간도 시험 당일 점심 시간과 똑같이 조절해 위장리듬을 맞췄습니다. 공부 시간 역시 오전 9시 시작, 오후 1시 점심, 오후 2시 재개, 오후 5시 종료 등 실제 시험 시간대에 맞췄습니다.

특히 컨디션 조절을 중요하게 생각했기에, 시험 시간에 가장 두뇌가 맑고 집중력이 극대화되도록 생체리듬을 시험에 맞춰 최적화했습니다. 그 결과, 실제 시험 날은 '익숙한 하루 중 하나일 뿐'이라는 안정감 덕분에 긴장하지 않고 제 실력을 자연스럽게 발휘할 수 있었습니다.

　모의고사와 에세이 훈련도 실제 시험과 동일한 조건으로 했습니다. 시간제한, 조용한 환경, 필기구, 시계 사용 등 모든 것을 실제 시험장과 동일하게 맞췄습니다. 심지어 시험 당일에 먹을 아침과 점심 메뉴를 정해두고 그대로 따라 먹으며 공부한 날도 많았습니다.

★ 실전 시뮬레이션 시스템

　가장 중요했던 것은 실제 시험과 동일한 조건으로 모의고사를 치르는 것이었습니다. 저는 매주 토요일과 일요일에 실제 시험과 동일한 조건으로 모의고사를 치렀습니다. 시간, 장소, 환경, 심지어 사용하는 도구까지 전부 실제 시험과 똑같이 맞췄습니다.

　시험 시간도 정확히 맞췄습니다. 오전 9시에 1교시를 시작해서 12시에 끝내고, 12시부터 1시까지 점심 시간을 가진 후, 오후 2시에 2교시를 시작해서 5시에 끝내는 실제 시험을 일정 그대로 따랐습니다. 중간에 쉬는 시간도 실제 시험과 똑같이 10분씩만 가졌습니다.

　사용하는 도구들도 모두 실제 시험 때 가져갈 것들로 통일했습니다. 볼펜, 연필, 지우개, 시계, 물병까지 미리 준비해두고 평소 모의고사를 볼 때부터 사용했습니다. 시험장에서 시간 확인이 중요하므로, 평소 공부할 때부터 같은 시계를 차고 다니며 시간 감각을 익혔습니다.

★ 합격은 시험장에 들어서기 전 이미 결정된다

저는 필기구 하나를 고르는 일에도 신중했습니다. 처음 써보는 필기구는 피하고, 손에 가장 익숙한 것을 미리 정해 반복해서 사용했습니다. **사소해 보이지만, 이런 작은 선택 하나가 시험 당일의 컨디션과 집중력에 큰 영향을 주기 때문입니다.** 실제로 필기구가 잘 나오지 않거나 손에 무리가 가서 불편함을 겪은 경험도 있었습니다.

시험은 그날의 실력만으로 치르는 것이 아닙니다. 그날의 환경, 몸 상태, 심리까지 모두 포함한 결과입니다. 그래서 지금 이 순간에도 스스로에게 물어야 합니다. '오늘 하루를 합격하는 해의 수험생답게 살았는가?' 이 질문에 고개를 끄덕일 수 있다면, 합격은 시험이 끝난 뒤에 갑자기 주어지는 보상이 아니라 이미 과정 속에서 만들어지고 있는 결과입니다.

시험 전날과 당일 컨디션 관리법

★ 시험 전날

: 완벽한 컨디션의 완성

시험 전날에는 무리하게 공부하지 않는 것이 원칙입니다. 절대로 새로운 내용을 공부해서는 안 되고 새로운 자료도 절대로 보면 안 됩니다. 대신 그동안 완성한 자료를 보면서 마지막으로 정리하고 완벽한 컨디션을 만드는 데 모든 에너지를 집중해야 합니다.

그리고 시험 준비물을 최종 점검해야 합니다. 신분증, 필기구,

시계, 기타 필요한 물품들을 미리 준비해 두고, 가능하면 여분까지 챙겨두는 것이 좋습니다. 준비물 점검은 최소 두 번 이상 확인하며, 시험 당일 아침에 허둥지둥하지 않도록 전날까지 모든 것을 완벽하게 준비해야 합니다. 또한 시험 당일의 일정을 미리 계획해 두는 것도 중요합니다. 몇 시에 일어날지, 아침 식사는 무엇을 먹을지, 몇 시에 집을 나설지 등을 구체적으로 정해두면 당일 아침에 불필요한 고민을 하지 않아도 됩니다.

수면 관리도 매우 중요합니다. 평소보다 일찍 잠자리에 들어 충분한 수면을 취해야 하지만, 너무 일찍 자려다가 오히려 잠이 안 올 수도 있으므로 적절한 시간을 맞춰야 합니다. 잠들기 전에는 긴장을 풀 수 있는 가벼운 활동을 하는 것이 좋습니다. 따뜻한 샤워를 하거나, 가벼운 스트레칭을 하면서 몸과 마음을 편안하게 만들어야 합니다. 식사도 평소와 다르지 않게 하되, 소화가 잘 되는 음식으로 가볍게 먹는 것이 좋습니다.

★ 시험 당일
: 최종 자료 스캔 및 최고의 컨디션 유지

시험 당일의 컨디션도 정말 중요합니다. 이날만큼은 절대로 슬럼프가 오면 안 되기 때문에 특별한 관리가 필요합니다. 시험 당일 슬럼프를 예방하는 가장 좋은 방법은 평소와 다름없는 루틴을 유지하는 것입니다. 갑자기 특별한 것을 하려다가 오히려 컨디션을 해칠 수 있으므로, 평상시 습관을 그대로 유지하되 조금 더 세심한 주의를 기울이는 정도가 적당합니다.

아침에는 평소보다 30분 정도 일찍 일어나서 여유 있게 준비하는 것이 좋습니다. 급하게 서두르다 보면 압박감에 실수를 할 가능성이 높아지기 때문입니다. 아침 식사는 너무 무겁지도 가볍지도 않게, 평소 먹던 음식으로 적당히 먹어야 합니다. 새로운 음식을 시도하다가 탈이 날 수도 있고, 반대로 너무 적게 먹으면 시험 중에 배가 고파서 집중하기 어려울 수 있습니다.

저는 시험 당일에도 최종 정리한 노트로 공부했는데 시간이 많지는 않아서 전체적인 내용을 스캔하는 방법으로 공부했습니다. 편한 마음으로 최종 정리한 자료들을 가볍게 보는 것이 좋습니다.

시험장에는 최소한 시작 1시간 전에 도착하는 것이 이상적입니다. 너무 시험 시간에 임박해서 도착하면 마음이 급해집니다. 시험장에 도착해서는 조용히 앉아서 마음을 다스리는 시간을 가져야 합니다. 시험 직전 5분간은 깊은 호흡을 하면서 긴장을 풀고, 긍정적인 다짐을 되뇌며 자신감을 키워야 합니다. '나는 충분히 준비했다. 오늘은 그 결과를 보여주는 날이다'라는 마음가짐으로 시험에 임하면 최상의 결과를 얻을 수 있습니다.

정답은
지문 속에 있다

★ 지문 속에 숨겨진 진실

　'정답을 알고도 틀리는 이유는, 문제를 제대로 안 봤기 때문이다.' 이 한 문장이 담고 있는 진실의 무게는 시험장에 있어본 사람이라면 누구나 뼈저리게 느끼는 것입니다.

　사법시험을 준비하던 2000년 겨울, 어느 추운 날이었습니다. 그날은 유독 문제가 잘 풀리지 않았는데, 연습문제 열 문제 중 일곱 문제나 틀렸고, 답을 확인할 때마다 "아, 이건 내가 완벽하게 아는 내용인데!" 하는 탄식이 터져 나왔습니다.

처음에는 단순히 피로가 쌓였거나, 집중력이 일시적으로 떨어졌기 때문이라고 생각했습니다. 그러나 일주일이 지나고, 한 달이 지나도 비슷한 유형의 오답이 반복되자 더 이상 가볍게 넘길 수 없었습니다. 그때부터는 '지식의 문제가 아니라, 문제를 대하는 방식 자체에 문제가 있는 것은 아닐까' 하며 깊이 고민하게 되었습니다.

그런데 틀린 문제들을 모아서 분석해 보니, 놀랍게도 모두 비슷한 구조를 가지고 있었습니다. 지문의 앞부분에는 감정적이거나 극적인 상황 설명이 길게 이어지고, 정작 중요한 법적 요건은 중간이나 끝부분에 짧게 언급되어 있었으며, 특히 시간 순서나 인과관계가 교묘하게 뒤바뀌어 있는 경우가 많았습니다. 우연이 아니라 출제자가 의도적으로 설계한 함정이었습니다. 마치 보이지 않는 적과 싸우다가 처음으로 그의 얼굴을 본 것 같은 느낌을 받았습니다.

시험에서 출제자는 수험생의 심리를 꿰뚫어보고, 가장 취약한 부분을 정확히 공략합니다. 그들이 사용하는 가장 강력한 도구가 바로 '붉은 청어'입니다. 이 장에는 제가 다양한 시험을 통해 만났던 수많은 붉은 청어들과, 그것들을 극복하며 얻은 통찰을 적었습니다.

★ 붉은 청어의 정체
: 수험생의 시선을 빼앗는 교묘한 미끼

붉은 청어(Red Herring)는 본질과는 무관하지만, 수험생의 주의를 엉뚱한 방향으로 끌어가기 위해 의도적으로 던지는 미끼를 뜻합니다. 원래 은빛을 띠는 청어를 훈제하면 붉은 빛으로 바뀌며 강한 냄새가 나는데, 과거에는 이 냄새를 이용해 사냥개나 추적자의 방향 감각을 흐트러뜨렸다고 합니다. 이 역사적 의미에서 출발한 표현이 오늘날에는 논쟁, 추리, 그리고 시험 문제의 함정을 설명하는 개념으로 자리 잡았습니다.

시험 문제에서 붉은 청어는 수험생의 주의를 핵심에서 벗어나게 만들기 위해 출제자가 의도적으로 배치한 함정을 의미합니다. 하지만 이것을 단순한 방해물이나 장애물로 이해한다면 큰 오산입니다. 붉은 청어는 수십 년, 어떤 경우에는 수백 년간 축적된 출제 경험과 수험생들의 오답 패턴을 정밀하게 분석하여 설계된 덫이며, 인간의 인지적 편향과 본능적 반응을 교묘하게 이용하는 한 수입니다. 출제자는 마치 체스의 그랜드마스터가 상대방의 수를 예측하며 함정을 파듯이, 수험생이 문제를 읽어나가는 심리적 흐름을 예상하고 가장 취약한 지점에 붉은 청어를 배치합니다. 중요한 정보 바로 앞에 감정적으로 강렬한 문장을 넣거나, 핵심 단서 직후에 복잡하고 혼란스러운 설명을 추가

하거나, 때로는 가장 평범해 보이는 문장 속에 치명적인 함정을 숨겨놓기도 합니다.

법률 지식을 많이 아는 것과 문제를 정확히 읽어내는 것은 전혀 다른 차원의 능력입니다. 민법 전체를 통달하고, 수백 개의 판례를 암기하고 있어도, 교묘하게 숨겨진 붉은 청어를 간파하지 못하면 가장 기초적인 문제에서도 오답을 선택하게 됩니다.

변호사가 된 후 실무에서도 계약서의 함정 조항을 놓치거나, 상대방 주장의 논리적 오류를 간과하는 실수가 모두 같은 원리에서 비롯된다는 것을 깨달았을 때, 저는 붉은 청어가 단순한 문제 풀이 기술이 아니라 법조인의 핵심 역량과 직결되는 문제임을 확신하게 되었습니다.

결국 시험에서 요구되는 능력은 무조건 많은 지식을 떠올리는 것이 아니라, 이 붉은 청어를 식별하고 핵심을 파악하는 힘입니다. 문제를 '아는 눈'이 아니라, '가려내는 눈'으로 읽기 시작할 때 시험문제는 비로소 풀리기 시작합니다.

★ 푸른 바다 속 붉은 반란자

청어는 원래 푸르스름한 은빛을 띠는 아름다운 물고기입니다. 바닷속에서 청어 떼가 움직일 때는 마치 하나의 거대한 생명

체처럼 완벽한 조화를 이루며 이동합니다. 그런데 만약 그 수만 마리의 푸른 청어 무리 사이에 선명한 붉은색 물고기 한 마리가 끼어 있다면 어떤 일이 벌어질까요? 우리의 시선은 본능적으로, 거의 무의식적으로 그 붉은 물고기에게 고정될 것입니다. '어? 저게 뭐지? 왜 저것만 색이 다르지? 혹시 저게 특별한 의미가 있는 건 아닐까? 어쩌면 저것이 이 문제의 열쇠인가?' 하는 생각들이 순식간에 머릿속을 가득 채우게 됩니다.

수험생들은 무의식적으로 그 붉은 청어를 쫓게 되지만, 정작 중요한 정답은 항상 그 평범해 보이는 푸른 청어들 사이에 조용히 숨어 있습니다.

★ 붉은 청어 도감
: 시험별 대표 유형들

다년간의 시험 경험을 통해 제가 수집한 붉은 청어들을 유형별로 정리해 보았습니다.

유형 1: 친숙함의 함정

이것은 기본적이면서도 가장 치명적인 붉은 청어입니다. 제가 사법시험을 준비하던 시절, 형법 문제에서 자주 당했던 함정입니다. 예를 들어 '정당방위'를 묻는 문제를 떠올려 보겠습니다. 수험생의 머릿속에서는 이미 '정당방위 = 상대방의 공격에 대한 반격'이라는 익숙한 공식이 자동으로 작동합니다. 정작 문제의 핵심은 다른 곳에 있습니다. 공격이 종료된 뒤 이루어진 행위라면, 아무리 상대방이 먼저 폭력을 행사했더라도 정당방위는 성립하지 않습니다.

이처럼 친숙함의 함정은 수험생이 모르는 개념을 던지지 않습니다. 오히려 너무 잘 알고 있고, 너무 많이 봐서 안심하게 되는 표현을 앞세웁니다. 그 결과, 문제를 끝까지 읽지 않고 이미 알고 있는 틀에 답을 끼워 맞추게 됩니다. 출제자는 바로 이 지점을 노립니다. 결국 이 함정에서 벗어나는 방법은 하나입니다. '이 문제는 내가 잘 아는 개념이다'라며 하나의 정답을 빠르게 확신하는 순간에 오히려 차분하게 요건 하나하나를 다시 확인하는 태도를 유지하는 것입니다.

유형 2: 부분 진실의 함정

이 유형은 법이나 사회과학 분야 공무원 시험 등 단어 하나, 표현 하나의 차이가 곧바로 정답과 오답을 가르는 과목에서 특히 자주 등장합니다. 출제자는 일부러 맞는 요소를 선택지에 섞어 두고, 수험생이 문구의 익숙함에 이끌려 깊이 따져보지 않은 채 판단을 서두르도록 유도합니다. 예를 들어 헌법의 기본권 제한을 묻는 문제를 떠올려 보겠습니다. 선택지 중 하나로 다음과 같은 문장이 제시됩니다.

"기본권은 국가안전보장, 질서유지 또는 공공복리를 위하여 언제나 제한될 수 있다."

이 문장은 언뜻 보면 쉽게 고개가 끄덕여집니다. 그러나 '언제나'라는 단어 하나 때문에 이 선택지는 명백한 오답이 됩니다. 기본권은 '필요한 경우에만' 법률로 제한할 수 있습니다. 시험에서 출제자가 묻는 것은 '어느 정도 맞는가'가 아니라, '정확하고 완전한가'입니다. 정답은 부분적으로 맞는 지문보다는 요건을 정확하게 설명하는 지문이 정답이 됩니다.

유형 3: 감정적 호소의 함정

길을 가다 길가에 사람이 쓰러져 있는 상황을 떠올려 보겠습니다. 첫 번째 사람은 쓰러진 모습을 보고도 아무런 조치를 하지 않은 채 그대로 지나갑니다. 두 번째 사람은 잠시 상황을 살핀 뒤 119에 신고만 하고 자리를 떠납니다. 세 번째 사람은 직접 도와주기 위해 개입합니다. 응급처치를 시도하지만, 결국 상황이 어렵다고 판단해 중간에 포기하고 현장을 떠납니다. 그 결과 쓰러진 사람은 사망하게 됩니다.

이 장면을 보면 대부분의 수험생은 자연스럽게 세 번째 사람에게 마음이 갑니다. 실제로 도와주려 했고, 가장 착한 행동을 한 것처럼 보이기 때문입니다. 그래서 책임을 묻는 문제에서도 '이 사람은 선한 의도로 행동했으니 책임이 없다'는 판단을 하기 쉽습니다.

그러나 시험은 선악을 묻는 것이 아닙니다. 세 번째 사람은 구조에 직접 개입한 순간, 그 상황을 책임져야 하는 위치에 설 수 있습니다. 반면 아무런 법적 의무가 없는 상태에서 지나간 사람이나, 신고만 하고 떠난 사람은 도덕적 평가와는 별개로 법적 책임에서는 벗어나는 경우가 많습니다.

이 사례가 주는 교훈은 법 과목에만 국한되지 않습니다. 시험 전반에서 가장 흔한 실수는, 문제를 논리로 읽지 않고 감정이나 직관으로 먼저 판단하는 데서 나옵니다. '이 선택지는 좋아 보인다', '이 설명이 더 그럴듯하다', '이 사람은 옳은 편이다'라는 느낌이 앞서는 순간, 문제의 조건과 기준은 뒤로 밀려납니다.

공부에서 중요한 것은 '그럴듯함'이 아니라 '요구된 기준'입니다. **문제는 항상 감정이 아니라 구조를 묻고, 인상이 아니라 조건을 요구합니다.** 이 원칙을 끝까지 유지할 수 있을 때, 시험은 더 이상 헷갈리는 퍼즐이 아니라 차분히 풀 수 있는 문제로 바뀌게 됩니다.

유형 4: 시간적 압박의 함정

붉은 청어 중에서도 가장 교활한 유형입니다. 시험 후반부에 시간이 부족해지면서 판단력이 흐려질 때를 노리는 것입니다. 미국변호사 시험의 객관식 MBE(Multistate Bar Examination) 섹션에서는 200문제를 6시간 안에 풀어야 합니다. 문제당 1.8분이라는 살인적인 시간 제약이 있죠. 시험 막바지에 이르면 뇌가 지쳐서 가장 먼저 눈에 띄는 선택지를 고르게 됩니다. 출제자들은 이를 알고, 후반부 문제일수록 A나 B 선택지에 그럴듯한 오답을 배치합니다. 하지만 실제 정답은 C나 D에 있는 경우가 있었습니다.

★ 붉은 청어를 즐겨라! 패러다임의 전환

저는 어느 순간부터 붉은 청어를 두려워하지 않고, 일종의 게임으로 즐겼습니다. 출제자와의 지적 대결, 숨바꼭질 같은 것으로 말입니다. 이런 관점의 전환은 점수 향상으로 이어졌습니다. 붉은 청어를 적으로 보지 않고 스파링 파트너로 본다면, 시험은 훨씬 재미있어집니다. '오, 이번엔 이런 함정을 준비했구나!' 하고 감탄하면서 문제를 풀게 되는 것이죠.

붉은 청어를 통해 우리는 더 정교한 사고력을 기를 수 있습니다. 이는 시험을 넘어 실무에서도 꼭 필요한 능력입니다.

★ 마지막 종이 울릴 때까지
한 문제라도 더, 1초라도 더

시험은 답안지를 받는 순간 시작되지만, 진짜 승부는 시험 종료 종이 울리는 순간까지의 태도에 달려 있습니다. 이 사실을 저는 오랜 수험생활 속에서 깨닫게 되었습니다.

한국 사법시험은 나흘 동안 이어지는 긴 시험이었고, 미국변호사 시험은 이틀 동안 오전과 오후로 나뉘어 진행되는 체력전이었습니다. 시험이 길어질수록 집중력은 흐려지고, 어느 순간부터는 문제를 더 푸는 것보다 잠시 쉬고 싶다는 생각이 자연스럽게 고개를 듭니다. 이런 순간은 누구에게나 찾아옵니다. 그럴 때마다 저는 마음을 다잡고, 지금 할 수 있는 일에 최선을 다했습니다. 한 문제라도 더, 한 줄이라도 더 열심히 풀었습니다.

시험이 끝나갈 무렵, 감독관이 '이제 그만 작성하세요. 손을 들어주세요'라고 말합니다. 그 말이 들리는 순간 저는 펜을 내려놓고 손을 들었습니다. 그때 마음속에는 복잡한 감정보다는, 그동안 할 수 있는 만큼은 최선을 다했다는 벅찬 감정이 올라왔습니다. 한국 사법시험에 합격한 해도, 미국변호사 시험에 합격한 해도 비슷한 감정이었습니다. 결과를 미리 알았던 것은 아니지만, 적어도 시험을 대하는 태도만큼은 스스로 대견하다는 생각이 들었습니다.

마지막 종이 울릴 때 펜을 내려놓는 그 순간, '이 정도면 충분했다'고 스스로에게 말할 수 있다면, 그 시험은 이미 의미 있는 시간이었을 것입니다. 그리고 그런 태도는 언젠가 반드시 원하는 결과로 돌아오게 됩니다.

불합격에도 유형이 있다
: 실패를 지렛대 삼는 법

★ 불합격의 세 가지 유형

불합격은 가슴이 아픈 일이지만 그렇다고 마냥 슬퍼할 수만은 없습니다. 불합격을 정확히 대면하고 이후 시험을 준비하는 것이 더 중요하죠. 이때 내가 왜 불합격했는지 스스로 진단하는 것은 다음 합격을 위해 꼭 필요합니다. 불합격하는 사람은 세 가지 유형으로 정리할 수 있습니다. 함께 살펴보시죠.

★ **준비 부족형**
: 아직 채워야 할 그릇이 있다

첫 번째 유형은 '준비 부족형'입니다. 주변에는 아직 합격할 만큼의 실력을 갖추지 못했음에도, 요행이나 운에 기대어 결과를 바라는 사람들이 적지 않습니다. 그러나 시험은 자신의 운을 시험하는 자리가 아니라, 실력의 깊이를 가려내는 과정입니다. 실력이 충분히 쌓이지 않은 상태에서 결과만을 앞당기려 하면 불합격의 원인조차 제대로 마주하지 못하게 됩니다.

제 경험상, 실력의 부족함을 인정하지 않는 태도는 다음 공부의 방향을 흐리게 만들 뿐입니다. 반대로 아직 채워야 할 그릇이 남아 있다는 사실을 담담히 받아들이는 순간, 공부는 비로소 실력을 쌓는 자리로 바뀌고 합격의 가능성이 높아지게 됩니다. 합격은 요행의 산물이 아니라, 부족함을 하나씩 채워 나가고 실력을 높이면 자연스럽게 도달하는 결과입니다.

준비 부족형의 특징은 매우 명확합니다. 시험이 끝났을 때 '이런 문제도 나오는구나'라는 탄식이 '아, 이건 알았는데 실수했다'는 후회보다 훨씬 많습니다. 과목 간 점수 편차가 크고, 특히 암기가 필요한 과목에서 현저히 낮은 점수를 받습니다. 문제를 읽고도 출제자가 무엇을 묻고 있는지 파악하기 어려워하며, 답안을 작성하다가도 중간에 논리가 꼬이는 경우가 빈번하고 모의고사를 볼 때마다 점수의 편차가 큽니다.

하지만 이런 유형에게 불합격은 오히려 자신의 현재 위치를 정확히 파악할 수 있는 귀중한 기회가 됩니다. 산을 오르려면 먼저 자신이 산의 어느 지점에 있는지 알아야 하듯이, 준비 부족형 불합격은 '당신은 아직 산 초입에 있으니 장비를 더 갖추고 체력을 더 기른 후 도전하라'는 친절한 안내판과 같은 것입니다. 이것을 깨달은 순간부터 진정한 준비가 시작되는 것입니다.

★ 시험 기술 부족형
: 보물함을 가지고도 열쇠를 못 찾는 사람들

두 번째 유형은 '시험 기술 부족형'입니다. 실력만 놓고 보면 누구보다 뛰어나지만, 시험만 치르면 합격하지 못하는 사람들이 있습니다. 특히 장수 수험생 가운데 이런 유형이 적지 않습니다. 알고 있는 내용의 깊이와 폭은 대학교수 못지않고, 설명을 들어보면 이해력과 논리력도 충분한데, 이상하게 시험에서는 늘 결과가 어긋납니다.

이들은 공부가 부족한 사람이 아닙니다. 문제는 지식을 시험이라는 형식에 맞게 꺼내 쓰는 기술이 부족하다는 데 있습니다. 제한된 시간 안에서 출제자의 의도를 읽고, 채점 기준에 맞게 답을 구성하는 능력은 단순히 지식의 양과는 다른 영역입니다. 보물은 이미 손에 쥐고 있지만, 그것을 여는 열쇠를 찾지 못한 상태라고 할 수 있습니다. 이런 사람은 자신의 특징을 인정하고 시험 기술을 익히기 시작하는 순간부터 결과는 달라집니다. 시험은 아는 만큼 쓰는 자리가 아니라, 아는 것을 시험 언어로 정확히 표현하는 능력을 묻는 무대이기 때문입니다.

시험 기술 부족형의 특징도 뚜렷합니다. 공부한 시간과 노력에 비해 성적이 현저히 낮게 나옵니다. 시험이 끝나면 항상 '시간만 더 있었다면' 혹은 '다 아는 문제였는데' 하는 아쉬움이 남습니다. 집에서 시간제한 없이 모의고사를 풀면 거의 만점에 가까운 점수를 받지만, 실전에서는 절반도 제대로 쓰지 못합니다. 특히 논술형 시험에서 이런 경향이 두드러지는데, 채점 평으로 '논점 이탈', '시간 부족으로 미완성', '핵심을 놓침' 같은 평가를 자주 받습니다. 이들에게는 '선택과 집중'의 지혜가 필요합니다. 모든 것을 완벽하게 알려고 하지 말고, 시험에 나올 가능성이 높은 핵심 내용에 집중해야 합니다. 스터디나 학원에서 받는 피드백도 중요한 단서가 됩니다.

시험 기술 부족형은 '실력은 있는데 점수로 연결이 안 된다', '너무 어렵게 생각한다', '출제자의 의도를 파악해야 한다'는 평가를 자주 받습니다. 이런 경우 실전 모의고사를 많이 풀어보고, 시간 내에 답안을 완성하는 연습을 반복해야 합니다.

★ 승리는 승리를 부른다

한 번 성공을 경험한 사람은 그 다음에도 성공할 가능성이 높습니다. 단순히 자신감 때문만은 아닙니다. **성공에 이르는 과정과 그 과정에서 필요한 인내와 노력의 깊이를 알기 때문입니다.**

저는 지금도 후배들에게 이렇게 말합니다. "정말 최선을 다해서, 남들보다 더 열심히 노력하면 분명히 좋은 결과가 나옵니다. 정직한 노력에는 반드시 정직한 결과가 따릅니다."

물론 모든 노력이 즉시 결과로 이어지는 것은 아닙니다. 때로는 한두 번의 실패를 겪어야 할 수도 있습니다. 하지만 그 실패조차도 다음 성공을 위한 밑거름이 됩니다. 포기하지 않고 끊임없이 자신을 갈고닦아야 합니다.

시험 장소 선택과 시험 준비물 

★ 학습 환경과 컨디션 관리의 전략

시험 장소와 환경에 따라 컨디션을 조절하는 것도 무척이나 중요합니다. 예를 들어, 멀리 있는 곳이나 해외에 가서 시험을 볼 때 어디에 머물 것인지를 결정해야 합니다. 이때 조금 비싸더라도 좋은 호텔이나 시설을 찾는 것이 필요합니다.

두 번째로 도전했던 미국변호사 시험 당시, 저는 미국에 가서 시험을 봤는데 숙소가 너무 엉망이었습니다. 돈을 아끼려고 조금 저렴한 호텔에서 투숙했는데 냄새가 나고, 카펫이 청소가 안 되어 있고, 먼지가 많아서 도저히 공부에 집중할 수 없었죠. 저는 스트레스로 인해 그 시험을 망쳤습니다.

이후 저는 호텔 예약을 할 때 고객들의 평가까지 세심하고 꼼꼼하게 확인했습니다. 그리고 같은 호텔이라도 조용한 방을 배정받는 것은 중요합니다. 저는 체크인할 때 "중요한 시험을 봅니다. 편안하고 조용한 방을 주세요"라고 솔직하게 말했습니다. 이렇게 정중하게 요청하면 직원들이 대부분 "알겠습니다. 최대한 조용한 방을 배정하겠습니다"라고 합니다. 그렇게 배정받은 방은 아주 조용하고 쾌적하고 편안하고 좋았습니다. 마음 편하게 공부할 수 있었고, 다행히 그때 치른 시험에서 합격했습니다.

★ 작은 습관으로 큰 차이를 만들다

저는 미국에서 시험을 볼 때 가급적 시험장과 가까운 곳에 숙소를 잡았습니다. 이러한 전략적 선택 덕분에 시험장에 있는 화장실을 한 번도 이용하지 않을 수 있었습니다. 시험장은 보통 수천 명이 모이는 컨벤션 센터와 같은 대규모 시설이었는데, 그곳에서는 사람이 많고 긴장되는 상황이라 생리적 활동에 문제가 생길 수 있기 때문입니다. 민감한 체질이라는 점을 고려하여, 호텔에서 모든 준비를 마치고 시험장으로 향했습니다. 점심 시간에도 호텔 방으로 신속히 돌아가 간단히 식사하고 화장실을 이용한 후 시험장으로 복귀했습니다.

이렇게 사소해 보이는 전략들이 실제로는 시험에서 큰 차이를 만들어냈습니다. 시험장 근처에 숙소를 마련함으로써 긴장감을 줄이고 시간을 효율적으로 활용할 수 있었으며, 민감한 상황에서도 최대한 편안한 환경을 조성할 수 있어 큰 도움이 되었습니다.

★ 시험에 필요한 준비물
: 전사의 무기를 고르듯이

시험장에 갈 때는 허용되는 물품과 금지되는 물품을 사전에 정확히 파악하는 것은 필수입니다. 제한 사항을 미리 숙지하지 않으면 시험 당일 불필요한 스트레스가 생길 수 있습니다. 철저히 준비하여 최대한 편안한 환경을 조성하는 게 중요합니다.

시험에 가져가는 물품은 마치 전장에 나가는 전사의 무기와도 같습니다. 특히 필기구는 자신에게 익숙한 것을 선택해야 합니다. 저는 글쓰기에 적합한 필기구를 선호했고, 제게 익숙해진 펜을 다수 구입했습니다. 좋은 필기구는 글씨도 잘 나오고 글쓰기 능력 발휘에도 도움이 됩니다. 필기구 구입에 인색해서는 안 되며, 충분히 투자하여 자신에게 가장 적합한 도구를 준비하세요.

★ 시험장 대기 시간의 활용
: 마지막 순간까지 배움을 놓지 않는 지혜

대부분의 시험은 시험장 내부에 책을 반입할 수 없습니다. 저도 처음에는 책을 숙소에 두고 필기구만 가지고 시험장에 갔습니다. 하지만 즉시 입장할 수 없었습니다. 한두 시간 정도를 기다려야 했죠. 인원이 많아 줄을 서서 기다리는 동안 다른 응시자들이 책을 보고 있는 모습을 발견하고 놀랐습니다. 시험 직전의 한두 시간은 매우 중요한 시간인데, 저는 준비물이 없어 아무것도 공부할 수 없었습니다. 이것이 큰 실수였다는 것을 깨달았고, 그 이후로 저는 시험 직전의 한두 시간은 매우 귀중한 시간인데 저는 아무런 준비물도 가져가지 않아 아무것도 공부하지 못했고, 이것이 큰 실수였다는 것을 깨달았습니다. 그 이후로 저는 항상 책을 지참했습니다.

이때 핵심 요약본이나 서브노트를 준비하는 것이 효과적입니다. 실제로 시험 직전에는 긴장으로 인해 책이나 노트가 잘 눈에 들어오지 않는 경우가 많아 저는 이어폰을 활용하여 시험장에 입장하기 전까지 지속적으로 녹음한 핵심 내용을 빠른 속도로 듣기도 했습니다. 시험장 입장 직전까지 볼 수 있는 자료나 들을 수 있는 콘텐츠를 미리 준비하는 것이 중요합니다.

규정은 시험마다 다를 수 있습니다만, 시험장 규정을 정확히 이

해하고 허용된 범위 내에서 최대한의 준비를 하면 됩니다. 대기 시간을 마지막 복습과 정신 집중을 위한 귀중한 기회로 활용하세요.

이인철 변호사의 공부 Q&A 20

Q1

암기가 정말 안 됩니다. 머리가 나쁜 걸까요?

···▶ 암기력의 문제가 아니라 방법의 문제입니다. 이해를 바탕으로 한 이미지 학습법과 암기법, 연상법 그리고 반복이 핵심입니다. 저도 같은 내용을 봐도 며칠 지나면 잊어버렸습니다. 그런데 어느 날 제가 좋아하는 영화의 장면은 20년이 지나도 기억한다는 것을 깨달았습니다. 이유는 간단했습니다. 관심과 이해, 그리고 감정이 담겨 있었기 때문입니다. 그래서 법조문도 영화처럼 재미있게 만들기로 했습니다. 민법 제103조를 외울 때는 스토리를 만들었습니다. '어떤 악덕 사채업자가 장기를 담보로 돈을 빌려주는 계약을 했다. 아무리 합의했어도 이건 선량

한 풍속에 어긋나니까 무효다.' 이렇게 구체적인 상황을 상상하니 조문이 살아 움직이기 시작했습니다. 또한 저는 '자기 전 10분, 일어나자마자 10분'을 황금 시간으로 활용했습니다. 뇌과학 연구에 따르면 이때가 장기 기억으로 전환되기 가장 좋은 시간이라고 합니다.

Q2

시험이 가까워질수록 불안해요. 공부한 게 다 날아간 것 같아요.

⋯⋯▸ 시험 전 불안은 정상입니다. 불안을 인정하고 오히려 집중하세요. 시험 한 달 전, 저는 극도의 불안에 시달렸습니다. '내가 뭘 공부했지? 하나도 기억이 안 나는데?' 이런 생각에 잠도 못 잤습니다. 그래서 '통제 가능한 것'에만 집중하기로 했고, 불안할 때 나오는 아드레날린을 활용해 더 열심히 공부했습니다.

장수생이 되어가는데 포기하고 싶어요. 언제까지 해야 하나요?

···▶ 시간이 오래 걸린다고 실패가 아닙니다. 고급 와인처럼 숙성의 시간이 필요한 사람도 있습니다. 저는 사법시험 합격에 3년 이상이 걸렸습니다. 2년차부터는 주변의 시선이 따가웠습니다. 3년차 되던 해, 진지하게 포기할까 고민했습니다. 그때 당시 친구의 말이 저를 붙잡았습니다. "너는 와인 같은 사람이야. 맥주는 금방 만들어지지만, 좋은 와인은 오랜 숙성이 필요하지." 오래 공부한 만큼 합격하면 남들보다 더 실력 있는 전문가가 될 수 있습니다.

기출문제는 몇 회독 해야 하나요? 답을 외워야 하나요?

···▶ 최소 3회독은 필수입니다. 저는 기출문제를 5회독 이상 하며 출제자의 사고를 체득했습니다. '기출문제 답을 다 외워버렸는데 푸는 의미가 있나요?'라는 질문을 많이 받습니다. 이는 기출문제 학습의 본질을 오해한 것입니다.

저는 기출문제를 단계별로 다르게 접근했습니다. 1회독은 독학, 2회독은 그룹 스터디에서 학습, 3회독은 오답노트 작성, 4회독은 기출문제 모의고사 훈련, 5회독은 반복 복습 등. 특히 유용했던 것은 '기출문제 정리 노트'였습니다. 저는 기출문제 문제와 해설을 요약해서 노트에 정리한 다음 반복해서 복습했습니다.

Q5
시험 1개월 전, 일주일 전에 새로운 자료를 봐야 하나요?

···▶ 시험 막판은 이미 아는 것을 더 확실하게 만드는 시간입니다. 시험 1개월 전, 일주일 전, 불안한 마음에 새로운 자료들을 구해 공부한 그 해 저는 불합격했습니다. 시험 1개월 전부터는 '수확의 시간'이지 '파종의 시간'이 아닙니다. 저는 D-30 기존 자료 반복 학습, D-7 전체 점검의 날, D-5 최종 약점 보완, D-3 최종 정리내용 학습, D-1 마지막 핵심 정리 자료 점검의 날로 운영했습니다.

**시험 당일 멘탈 관리는 어떻게 하나요? 긴장해서 아는 것
도 못 쓸까 봐 무서워요.**

┅▸ 적당한 긴장은 약입니다. 긴장을 없애려 하지 말고 긴
장과 함께 가세요. 긴장하지 말라는 말만큼 쓸모없는 조
언은 없습니다. 저는 발상을 전환했습니다. '긴장하는 게
정상이다. 긴장한다는 것은 내가 이 시험을 중요하게 생
각한다는 증거다.' 시험장에는 여유 있게 시험 시작 1시
간 전에는 도착했습니다. 시험지를 받으면 먼저 전체를
훑어봤습니다. 쉬운 문제부터 풀어서 자신감을 얻었습니
다. 점심 시간이 특히 중요했습니다. 오전 시험이 망했다
고 느껴도 절대 포기하면 안 됩니다. 나에게 어려운 문제
는 누구에게나 어렵습니다.

부모님의 기대가 너무 부담스러워요. 어떻게 해야 하나요?

┅▸ 부모님의 기대는 당연합니다. 하지만 그 사랑이 압박
이 되어서는 안 됩니다. 부모님은 당연히 자녀를 믿기 때
문에 "우리 아들, 딸 믿는다"라고 합니다 그러나 그러한

말이 때로는 부담이 됩니다. 너무 큰 부담으로 다가오면 "저도 빨리 합격하고 싶어요. 하지만 압박감 때문에 오히려 집중이 안 돼요"라고 솔직히 말해보세요. 부모님과의 소통 전략은 정기적 보고, 작은 성과 공유, 명확한 계획 제시, 감사 표현을 병행하는 것입니다. 동시에 '건강한 거리두기'도 필요합니다.

Q8 슬럼프가 와서 아무것도 하기 싫어요. 정상인가요?

⋯▸ 완전히 정상입니다. 슬럼프는 성장통입니다. 중요한 것은 슬럼프와 친구가 되는 것입니다. 저는 슬럼프를 여러 번 겪었습니다. 슬럼프의 종류는 하루 동안 완전 휴식이 필요한 '번아웃형', 공부 방법을 변경해야 하는 '정체기형', SNS 차단으로 극복하는 '남과 비교형', 운동, 스터디로 이겨내는 '의욕 상실형'이 있습니다. 슬럼프 극복 실전 전략은 인정하고 받아들이기, 작은 성취 느끼기, 환경 변화, 몸부터 회복, 동료와 대화입니다. 슬럼프는 '쉬고 다시 시작하라'는 몸과 마음의 신호입니다.

공부 시작 전 루틴이 필요한가요?

···▸ 반드시 필요하다고 생각하지는 않지만 루틴이 있으면 공부를 쉽게 시작할 수 있습니다. 일정한 루틴은 뇌에 '이제 공부 시간'이라는 신호를 보냅니다. 저의 공부 시작 루틴은 이랬습니다. 책상 정리(2분) → 차나 물 한 잔 마시기 → 오늘 공부할 내용 확인(3분) → 심호흡 3회 → 시작. 이 5분의 루틴을 거치면 자연스럽게 공부 모드로 전환되었습니다. 뇌가 패턴을 인식하면 저항 없이 공부 모드로 들어갑니다.

직장인인데 퇴사하고 공부해야 할까요, 병행할까요?

···▸ 상황에 따라 다르지만, 가능하면 병행하면서 시작하세요. 경제적 안정감이 집중력을 높입니다. 저는 한국 사법시험 시절에는 전업 수험생이었고 미국 변호사 공부 때는 변호사 업무, 방송, 강의와 병행했습니다. 실제로 직장인들도 전업 수험생이 되기 위해 직장을 그만두는 경우도 있습니다. 하지만 경제적 불안은 공부의 최대 적입니다.

차라리 직장을 다니며 1년간 기초를 다진 후, 시험 직전에 휴직을 하는 것이 좋습니다. 이미 기초가 있으니 막판에 집중을 잘하면 효과적일 수 있습니다. 무작정 퇴사하면 시간이 지날수록 초조해집니다. 최소 6개월~1년은 병행하면서 자신의 의지와 적성을 확인하세요. 그 후 올인해도 늦지 않습니다.

Q11
시험 준비 기간을 정해야 하나요? 무한정 할 수는 없잖아요.

···› 합격하기 어려운 시험도 1년에서 3년 이내로 합격한다는 명확한 데드라인을 정하세요. 하지만 시간을 충분히 주는 것도 중요합니다. 저는 처음에 '올해 안에 무조건 합격'이라는 비현실적인 목표를 세웠다가 실패했습니다. 그래서 현실적인 계획을 세웠습니다. '3년 안에 합격, 안 되면 플랜 B 실행.' 이렇게 하니 마음이 편해졌습니다. 매년 목표를 세분화했습니다. 1년 차는 기초 다지기, 2년 차는 실력 향상, 3년 차는 합격권 진입. 이렇게 데드라인이 있으니 더 집중할 수 있었습니다.

Q12

나이가 많아서 기억력이 떨어지는 것 같아요.

⋯⟩ 나이는 핑계입니다. 성인의 뇌는 체계화와 맥락화에 더 뛰어납니다. 40대 후반에 미국변호사 시험을 준비하면서 '나이 들어서 머리가 굳었나?' 생각했습니다. 하지만 뇌과학 책에서는 성인의 뇌가 단순 암기에는 약하지만, 연결하고 체계화하는 능력은 오히려 뛰어나다고 합니다. 무작정 외우다가 전략을 바꿔 기존 지식과 연결하고, 실무 경험과 접목했습니다. 오히려 20대 때보다 깊이 있는 이해가 가능했습니다.

Q13

시험 볼 때마다 컨디션이 안 좋아요. 관리 방법이 있나요?

⋯⟩ 컨디션 조절도 실력입니다. 평소 생활 패턴을 시험에 맞춰 조정하세요. 저도 시험 당일만 되면 배가 아프고 머리가 아팠습니다. 원인은 '긴장'과 '생활 패턴 변화'였고 '시험 시뮬레이션'으로 해결했습니다. 시험 2주 전부터 시험 당일과 똑같이 생활했습니다. 같은 시간에 일어나고, 같은 아침을 먹고, 같은 시간에 문제를 풀었습니다. 몸

이 그 패턴을 기억하니 시험 당일에도 평소처럼 컨디션이
유지되었습니다.

Q14
이 고생을 왜 하고 있는지 모르겠어요.

···▶ 그 질문을 하는 순간, 당신은 이미 답을 알고 있습니
다. 내면의 소리를 들어보세요. 사법시험 3년차 어느 새
벽, 저는 책상 앞에서 펑펑 울었습니다. '대체 왜 이 고생
을 하지?' 그런데 신기하게도 질문을 하자 떠올랐습니다.
내가 진짜 원하는 것, 내가 되고 싶은 모습, 내가 꿈꾸는
미래가 선명하게 보였습니다. 수험생활은 단순히 시험에
붙기 위한 과정이 아니었습니다. 더 나은 내가 되기 위한
여정이었습니다. 매일 책상 앞에 앉는 것은 미래의 나에게
주는 선물이었습니다. 그 의미를 깨달으니 힘이 났습니다.

계획을 지키지 못해서 매일 자책감에 시달립니다. 어떻게 해야 할까요?

⋯▸ 저도 처음에는 완벽주의에 사로잡혀 있었습니다. 계획표를 100% 지켜야 한다는 강박관념이 오히려 독이 되었죠. 중요한 것은 유연성입니다. 계획은 가이드라인일 뿐, 절대적인 법칙이 아닙니다. 제 경험상, '70% 규칙'이 효과적이었습니다. 계획의 70%만 달성해도 스스로를 칭찬하는 것입니다. 놀랍게도 이렇게 부담을 줄이니 오히려 80~90%를 달성하는 날이 많아졌습니다. 계획을 지키지 못했다고 자책하지 마세요. 대신 '오늘은 이만큼 했구나' 인정하고, 내일 더 나은 하루를 만들면 됩니다.

슬럼프가 왔을 때 이겨내는 비결이 있나요?

⋯▸ 슬럼프와 싸우지 않고 인정하는 '슬럼프 병행 학습법'이 핵심입니다. 먼저 슬럼프를 솔직히 인정합니다. '그래, 지금 내가 우울하구나', '공부가 잘 안 되는 시기구나' 하고 받아들입니다. 하지만 슬럼프를 인정하되, 공부는 계

속하는 것이 중요합니다. 대신 평소보다 강도를 낮추고 스트레스 완화 활동을 병행했습니다. 산책 시간을 늘리거나, 클래식 음악이나 자연의 소리를 들으며 마음을 달랬습니다. 맛집을 찾아가기도 했죠. 이런 활동을 하면서도 공부에서 완전히 손을 떼지는 않았습니다. 슬럼프는 마음의 감기와 같아서 시간이 지나면 자연스럽게 회복되지만, 그 과정에서 공부의 끈을 아예 놓아버리면 다시 리듬을 찾는 데 너무 많은 시간이 필요합니다.

Q17

시험 D-30 전략과 D-7 전략의 차이는?

⋯▸ D-30은 '마지막 스퍼트', D-7은 '컨디션 유지'에 집중합니다. D-30부터는 새로운 내용을 공부하기 보다는 이미 공부한 내용을 완벽하게 만듭니다. 오답노트 반복, 핵심 암기, 취약 부분 보강에 집중합니다. D-7부터는 공부량을 줄이고 컨디션 관리에 올인합니다. 실제 시험 시간에 맞춰 생활하고, 가벼운 복습만 합니다. 마라톤 선수가 대회 전 훈련량을 줄이는 것과 같은 원리입니다. 시험 당일 최고의 컨디션을 만드는 것이 마지막 일주일의 목표입니다.

공부하다 너무 힘들 때 버티는 방법은?

⋯▸ '조금만 더 버티자'를 열 번 반복하는 것입니다. '오늘은 여기까지만'이라는 생각이 들 때, '조금만 더, 10분만 더'라고 스스로를 다독입니다. 10분은 부담스럽지 않으니 할 수 있습니다. 10분이 지나면 또 '10분만 더'를 반복합니다. 이렇게 하다 보면 1시간, 2시간이 금세 지나갑니다. 한계는 스스로 만드는 것입니다. 몸이 힘들다고 느끼는 순간이 진짜 시작점입니다. 그때부터가 진짜 공부이고, 그때부터가 남들과 차이를 만드는 시간입니다.

수험생활 중 가장 후회되는 돈 낭비는?

⋯▸ '비싼 교재와 문제집 구입', '고가 학원 수강'이 아까웠습니다. 한 번도 제대로 못 본 교재와 문제집이 너무 많았습니다. 한 권을 열 번 보는 것이 열 권을 한 번 보는 것보다 낫습니다. 비싼 학원도 마찬가지입니다. 유명 강사라고 무작정 등록했다가 저와 맞지 않아 중도 포기했습니다. 맛보기 강의를 충분히 들어보고 결정해야 합니다. 돈

보다 시간이 더 아까웠습니다.

이 모든 Q&A를 한 문장으로 요약한다면?

···▶ 공부는 재능보다는 간절함이고, 바른 방향으로 노력하면 합격합니다. 20개의 질문과 답변을 통해 전하고 싶었던 메시지는 단순합니다. 평범한 사람도 할 수 있다고, 포기하지 않으면 언젠가는 이룰 수 있으며, 그 과정 자체가 성장이라는 것입니다. 제가 걸어온 길이 정답은 아닙니다. 하지만 이 길 위에서 만난 작은 지혜들이 여러분의 여정에 등불이 되기를 바랍니다. 시작이 반입니다. 그리고 끝까지 가는 사람이 결국 이깁니다. 함께 갑시다. 당신은 반드시 해낼 수 있습니다.

낙숫물이 바위를 뚫듯이
작은 한 걸음의 위대함

긴 여정의 끝자락에 서 있는 지금, 저는 이 책을 손에 들고 계신 독자 여러분께 깊은 감사와 함께 간절한 응원의 메시지를 전하고자 합니다.

책의 첫 장을 펼치며 망설이셨을 수도 있고, 중간쯤에서 '나도 정말 할 수 있을까?'라는 의구심에 빠지셨을 수도 있습니다. 그러나 지금 이 마지막 페이지에 도달하신 것 자체가 이미 변화의 첫걸음입니다. 그 용기와 결단에 진심으로 박수를 보냅니다.

제가 사법시험을 준비하던 시절, 합격자들의 수기를 손꼽아 기다리던 기억이 생생합니다. 합격 수기가 실린 잡지가 나올 때까지 서점 앞을 서성이며, 마침내 잡지를 손에 들었을 때의 떨림을 아직도 잊을 수 없습니다. 그들이 어떻게 공부했는지도 중요했지만, 더욱 궁금했던 것은 그들이 어떤 마음가짐으로 이 험난한 길을 걸어갔는지였습니다.

합격하는 사람들의 공통점은 무엇이었을까요? 놀랍게도 그것은 천재적인 두뇌나 특별한 재능이 아니었습니다. 실패해도 다시 일어서는 용기, 자신에 대한 흔들리지 않는 확신, 그리고 따뜻한 마음이었습니다. 이들은 넘어져도 다시 일어섰고, 좌절해도 포기하지 않았으며, 끝까지 자신의 길을 걸어갔습니다.

★ 공부라는 정직한 여정
: 노력은 배신하지 않습니다

여러분이 지금 시험을 앞두고 계실 수도 있고, 아직 공부를 시작할지 말지 고민하고 계실 수도 있습니다. 저는 감히 단정 지어 말씀드리고 싶습니다. 공부야말로 가장 정직한 분야입니다.

세상에는 아무리 열심히 노력해도 성공하기 어려운 분야들이 많습니다. 예체능이나 사업은 운이 크게 작용하기도 하고, 때로는 타고난 재능이 절대적인 영향을 미치기도 합니다. 그러나 공부는 다릅니다. 공부는 정말로 노력한 만큼, 투자한 시간만큼 결과가 나오는 분야입니다. 물론 운도 어느 정도 작용하겠지만, 그보다는 실력이 우선되는 것이 바로 학습 분야입니다.

올림픽 경기에서 0.001초 차이로 금메달이 갈리는 것을 보면, 과연 그것이 실력의 차이일까 하는 생각도 듭니다. 하지만 그 미세한 차이를 만들어내는 것은 꾸준한 노력과 끈기, 그리고 포기하지 않는 마음입니다. 마찬가지로 시험에서도 합격선 근처에는 수많은 사람들이 몰려 있습니다. 단 1~2점, 때로는 한 문제만 더 맞았다면 합격했을 수험생들이 얼마나 많은지 모릅니다.

저도 실패를 통해 배웠습니다. 어떻게 하면 실수하지 않는지, 어떻게 하면 합격할 수 있는지를 체득했습니다. 그 경험이 지금 이 책을 쓸 수 있게 만들어주었습니다.

특히 응시 횟수 제한이 없다면 과감하게 도전하십시오. 설령 이번에 떨어지더라도 그 경험은 다음 시험의 밑거름이 됩니다. 시험장의 분위기를 익히고, 시간 배분을 연습하고, 실전 감각을 키우는 것 자체가 큰 자산입니다.

★ 꾸준함이 만드는 기적

: 낙숫물의 지혜

우리 조상들의 지혜가 담긴 속담이 있습니다. '낙숫물이 바위를 뚫는다.' 작은 물방울이 계속해서 떨어지면 단단한 바위도 뚫립니다. 천천히, 꾸준하게 가는 사람이 결국 승리한다는 뜻입니다.

지금 당장의 모습만 보면 자신이 미약하고, 실력도 없고, 머리도 좋지 않은 것 같아 자신감이 없을 수 있습니다. 하지만 그것이 1년, 2년 쌓인다고 생각해 보세요. 꾸준히 노력하는 것은 누구나 할 수 있습니다. 오늘의 공부, 기출문제 풀이 반복이 결국 여러분을 합격의 자리에 데려다 줄 것입니다.

★ 희망의 메시지

: 당신의 성공을 믿습니다

이 책을 구입하여 읽으시는 것 자체가 이미 대단한 의지의 표현입니다. 요즘같이 유튜브나 인터넷에서 쉽게 정보를 찾을 수 있는 시대에 굳이 책을 찾아 공부하시는 여러분은 이미 절반은 성공하신 것입니다. 그 진지한 자세와 열정이 있다면 반드시 원하는 목표를 이루실 수 있습니다.

실패를 두려워하지 않는 용기, 꾸준히 노력하는 인내, 자신을 믿는 확신만 있다면 그 어떤 시험도, 그 어떤 도전도 극복할 수 있습니다. 닐 암스트롱(Neil Armstrong)이 1969년 인류 최초로 달에 착륙하며 남긴 유명한 말이 있습니다.

"한 인간에게는 작은 한 걸음이지만, 인류에게는 거대한 도약이다(That's one small step for a man, one giant leap for mankind)."

여러분이 오늘 내딛는 작은 한 걸음이, 여러분 인생의 거대한 도약이 될 것입니다. 공부를 시작하는 그 작은 첫걸음이 당신의 인생에 위대한 변화를 가져올 것입니다.

저는 이 책이 여러분의 외로운 수험생활에 따뜻한 동반자가 되기만을 바랍니다. 힘들 때 펼쳐보면 위로가 되고, 방황할 때 읽으면 방향을 찾을 수 있는 그런 책이 되기를 소망합니다. 이 책을 읽고 있는 여러분은 혼자가 아닙니다. 저는 여러분과 같은 길을 걸었고, 여러분의 합격과 성공을 기다리고 있습니다.

매일 책상 앞에 앉아 외로운 싸움을 하고 계신 여러분, 그 고독한 시간들이 결코 헛되지 않을 것입니다. 오늘도 묵묵히 자신과의 싸움을 이어가는 여러분이야말로 진정한 승리자입니다.

★ 마지막으로

　이제 정말 책을 덮을 시간입니다. 끝이 아니라 새로운 시작입니다. 오늘 이 책을 읽고 결심하셨다면, 오늘부터 시작입니다. 먼저 책을 한 번 더 천천히 읽어보고 내일부터는 책의 내용에 따라 하나씩 실천해보세요. 그것이 여러분의 합격과 성공을 향한 위대한 첫걸음이 될 것입니다.

　여러분은 할 수 있습니다. 반드시 해낼 것입니다.
　여러분의 빛나는 합격을 진심으로 기원합니다.

★ ★ ★ ★ ★

감사의 글

이 책을 집필하며 가장 먼저 떠올린 것은 '감사의 글'이었습니다. 집필은 쉽지 않았지만, 책을 완성하고 '감사의 글'을 작성하는 순간을 떠올리며 포기하지 않을 수 있었습니다. 시험 공부도 마찬가지입니다. 합격 이후, 합격 수기를 써 내려가는 자신의 모습을 떠올려 보시기 바랍니다. 그 상상은 지친 순간마다 다시 앞으로 나아갈 힘이 됩니다.

무엇보다 늘 곁에서 묵묵히 응원해 준 가족들에게 가장 깊은 감사를 전합니다. 흔들릴 때마다 변함없이 곁을 지켜준 가족의 존재는 가장 큰 힘이 되었습니다. 법무법인 리의 변호사님들과 전현직 직원 분들에게도 진심으로 감사드립니다. 바쁜 일정에도 늘 응원해 주고 변호사 업무 전반에 큰 힘이 되어 주신 덕분에 이 자리에 설 수 있었습니다.

스터디 멤버들(백민주, 손혜윤, 송다은, 송재용, 정규연, 황윤정 님)에게도 진심으로 감사드립니다. 혼자였다면 버티기 어려웠을 시간들을, 함께했기에 끝까지 버텨낼 수 있었고, 그 여정의 끝에서 함께 합격이라는 결실을 나눌 수 있었습니다. 아직 합격의 문턱을 넘지 못한 스터디 멤버들의 합격을 진심으로 기원합니다. 언제나 응원해 준 교수님들(김영민, 이호선, 신영호 교수님), 선배님들(이찬희 변호사님, 구근회 소장님), 후배 변호사님들(이윤규, 허주연 변호사님) 그리고 항상 응원해 준 친구들과 동기들(홍정우, 엄기훈 등)에게도 감사의 마음을 전합니다.

방송 현장에서 함께해 주신 작가님과 피디님을 비롯한 모든 제작진 여러분께도 깊이 감사드립니다. 「고딩엄빠」, 「아는형님」, 「무엇이든 물어보살」에서 함께한 서장훈 님, MBN 「고딩엄빠」 방송의 박미선 님, 인교진 님, 하하 님, 공부법을 소개해 준 JTBC 「아는 형님」, KBS Joy 「무엇이든 물어보살」, 여러 번 출연한 KBS 「무엇이든 물

어보세요」, MBC「기분 좋은 날」, 그리고 센미디어 제작진 등 방송
을 통해 저와 함께한 모든 분들께 진심으로 감사드립니다.

이 책의 출간을 가능하게 해주신 페이지2북스 출판사 김선준 대표
님과 출판에 도움을 주신 분들(한용선 님, 정란 님)께 감사드립니다. 특
히 처음부터 마지막까지 꾸준히 소통하며 세심하게 책의 방향을 잡
아주신 최한솔 팀장님의 정성과 노력이 이 책을 완성도 있게 만들
어 주었습니다.

마지막으로 이 책을 펼쳐 주신 독자 여러분께 마음 깊이 감사드립
니다. 저는 변호사로서 의뢰인을 대할 때마다, 언제나 한 사람 한 사
람의 행복을 돕는다는 마음으로 임해왔고, 그 마음은 이 책을 집필
하는 동안에도 변함이 없었습니다. 이 책을 읽는 독자 한 분 한 분
역시 단순한 독자가 아니라, 저와 같은 길을 걷는 소중한 동행자입

니다. 이 책이 독자 여러분의 여정에 힘이 되고, 다시 앞으로 나아

갈 용기를 주는 책이 되기를 바랍니다. 그리고 언젠가 '합격'이라는

이름으로 지금의 노력이 결실을 맺는 날이 반드시 오기를 진심으로

기원합니다. 감사합니다.

이인철 변호사 드림

순공 시간을 늘리는
24시간 공부법

초판 1쇄 발행 2026년 1월 28일

지은이 이인철
펴낸이 김선준, 김동환

편집이사 서선행
책임편집 한용선 **편집2팀** 최한솔, 오시정, 서윤아
디자인 정란
마케팅 권두리, 이진규, 신동빈
콘텐츠본부장 조아란
콘텐츠팀 이은정, 장태수, 권희, 박미정, 조문정, 이건희, 박지훈, 송수연, 김수빈, 현유진, 정지호
경영관리 송현주, 윤이경, 임해랑, 정수연

펴낸곳 페이지2북스 **출판등록** 2019년 4월 25일 제 2019-000129호
주소 서울시 영등포구 여의대로 108 파크원타워, 28층
전화 070) 4203-7755 **팩스** 070) 4170-4865
이메일 page2books@naver.com
종이 화인페이퍼 **인쇄** 더블비 **제본** 책공감

ISBN 979-11-6985-183-1 (03190)